DER OBERSALZBERG IM MITTELPUNKT DES WELTGESCHEHENS

Eva Braun
Adolf Hitler
und das
brennende
Berlin.

Impressum:

Verlag und Vertrieb:

VERLAG PLENK
BERCHTESGADEN
83462 Berchtesgaden – Postfach 2147
Koch-Sternfeld-Straße 5
Telefon 08652/4474 – Fax 08652/66277

Autor und Herausgeber:
Dr. Bernhard Frank

ISBN 3-922590-65-9

2. geänderte Auflage 1995

INHALT

Vorwort

1. Teil
Adolf Hitler – Biographisches

Herkunft
Der strenge Vater
Liebe der Mutter
Hungerleben in Wien
Politische Motive
Kriegsfreiwilliger
Pasewalkerlebnis
Volksredner
Der große Vorsitzende einer kleinen Partei
Pistolenschuß in die Saaldecke
Festungshaft in Landsberg
Redeverbot
Der schwarze Freitag
Machtübernahme
Röhmputsch
Der Tod Hindenburgs
Flottenabkommen mit England
Gleichgewicht in Europa
Einmarsch in Österreich
Sudetenkrise
„Reichskristallnacht"
Das nächste Mal – Blutvergießen
Ausbruch des zweiten Weltkrieges
Vermeintliche Siege
Das Attentat
Die Ardennenoffensive
Selbstmord im Bunker der Reichskanzlei
Zeittafel zum 1. Teil.

2. Teil
Der Obersalzberg im Mittelpunkt des Weltgeschehens

Romantische Verklärung
Treffpunkt
Machtinstrument
Der Berghof
Das Kehlsteinhaus
Diplomatie am Obersalzberg
Der Obersalzberg als Sanatorium Hitlers
Luftverteidigung am Obersalzberg
Feste
Festung Obersalzberg
Der Fall Göring
Die Zerstörung des Obersalzberges
Zeittafel zum 2. Teil.

Literatur

VORWORT

Adolf Hitler starb am 30. April 1945 in seinem Befehlsbunker der Reichskanzlei Berlin durch Selbstmord. Der Leichnam wurde mit Benzin übergossen, bis zur Unkenntlichkeit verbrannt und verscharrt.

Seitdem wächst die Zahl der Veröffentlichungen, die sich mit dem Thema Aufstieg und Fall des Diktators befassen. In letzter Zeit entstand eine Reihe von dickleibigen Büchern dieser Art. Man erfährt bisher unbekannte Details. Hitlers langjährige Sekretärin berichtet, sein letzter Arzt breitet aus, was über den Patienten Hitler bekannt wurde. Es gibt auch merkwürdige Untersuchungen über die Beziehungen des Nationalsozialismus zu Geheimlogen und okkulten Sekten wie auch über Beziehungen Hitlers zum amerikanischen Bankhaus Warburg. Ein anderer Verfasser reiht auf mehr als 200 Seiten Indizien aneinander, die dafür sprechen, daß der nach Hitler mächtigste Mann im Dritten Reich, Martin Bormann, Spion in Stalins Diensten war.

Ein weiterer Autor bestreitet, daß Hitler die Weltbühne als „Aggressor" betreten habe. Er führt unter anderem Lenin als Kronzeugen an, nach dessen Meinung sich Deutschland niemals auf Dauer dem Versailler Diktat unterwerfen werde. Er habe die einzigartige Gelegenheit betont, die der Riß zwischen der Entente und Deutschland für kommunistische Bestrebungen in Mittel- und Westeuropa bot. Sie müsse genutzt werden. Die Siegermächte des zweiten Weltkrieges seien die Besitzenden. Wer an diesem Besitzstand rüttele, geriete zwangsläufig in die Rolle des „Aggressors".

So besehen versuchte Hitler sich an der Quadratur des Kreises, als er den Wiederaufstieg Deutschlands ohne kriegerische Konflikte betrieb.

Die vorliegende Schrift will den interessierten Leser in allgemeinverständlicher Sprache und mit einem Umfang, der dem heutigen Lesebedürfnis entspricht, mit den Ergebnissen aktueller Untersuchungen bekanntmachen.

Als ehemaliger Kommandant des Obersalzberges kann der Autor aufgrund seiner Erfahrungen als Zeitzeuge die Literatur sichten, um zu versuchen, ein Bild der damaligen Ereignisse aufzuzeichnen.

Warum das nicht erlahmende Interesse an Hitler? Sein Auftreten auf der Weltbühne hat Veränderungen bewirkt, die noch für Generationen nach uns spürbar bleiben werden. Vergleiche mit den großen Eroberern Alexander, Dschingis Khan oder Napoleon drängen sich auf. Hitler war am Bau zweier Weltimperien beteiligt – Amerika und Sowjetunion. Deutschland jedoch, für dessen Befreiung aus den Fesseln des Diktates von Versailles er angetreten war, lag am Boden.

Wie konnte das geschehen? Eine schlüssige Beantwortung dieser Frage steht noch aus. Vielleicht wissen wir mehr, wenn die Siegermächte von damals ihre noch immer unter Verschluß gehaltenen Archive öffnen.

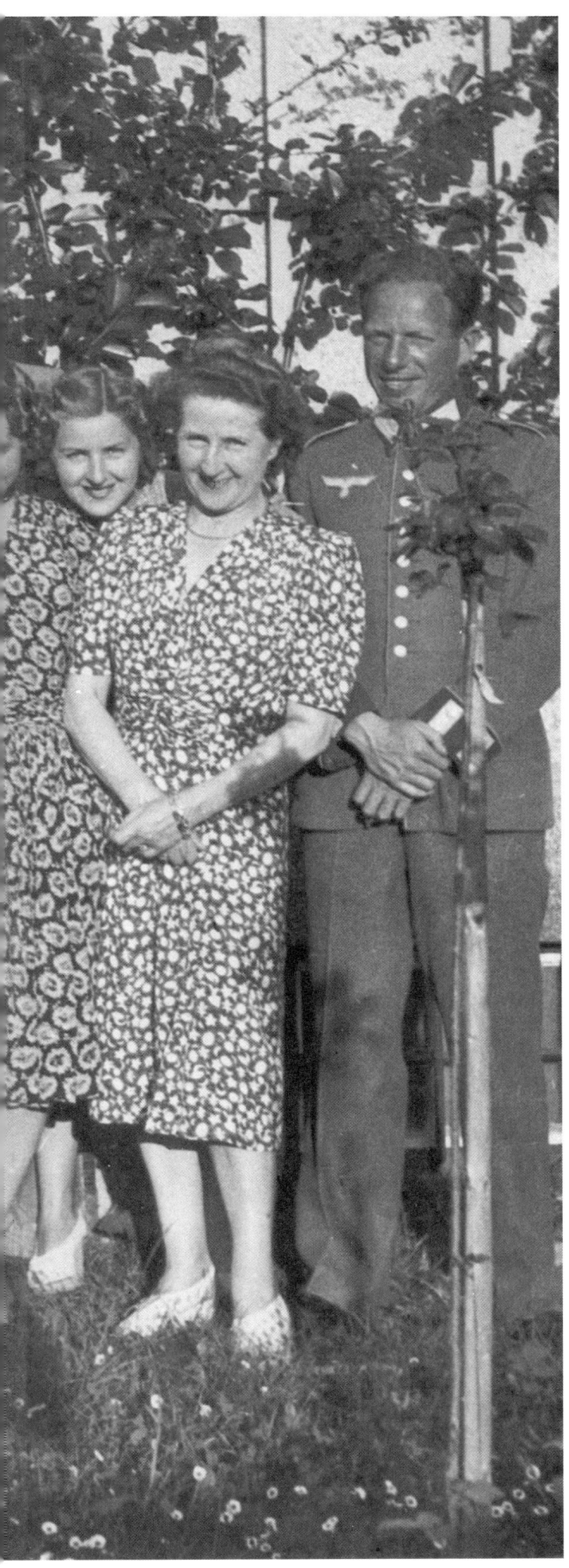

Die Fakten sind bekannt. Wie aber steht es mit deren Deutung? Hat Hitler konsequent einen bestimmten Plan verwirklicht oder nahm er die Umstände, wie sie sich boten und schuf daraus den Flickenteppich seiner Politik?

Hat beispielsweise die teilweise Mobilmachung der Polen und haben Unterdrückungsmaßnahmen gegen Deutsche in den an Polen abgetretenen Gebieten den Beginn des Krieges, der ein deutsch-polnischer Krieg bleiben sollte, verursacht? Oder – hat der ehemalige russische General Suworow recht, wenn er mit einer Fülle von Beweismaterial nachzuweisen versucht, daß der deutsche Angriff auf die Sowjetunion nur wenige Wochen einem Überfall Stalins auf das deutsche Reich zuvorkam, der die russische Feuerwalze unaufhaltbar an die Küste Westeuropas geführt hätte?

Immer noch gibt auch der Mensch Adolf Hitler Rätsel auf: seine Erlebnisse in Kindheit und Jugend, die den Diktator prägten, sein manischer Judenhaß, seine Krankheiten, sein Verhältnis zu den Frauen. Ein rätselhaftes Phänomen bleibt die Faszination seiner Persönlichkeit, der sich auch kritische Besucher nicht zu entziehen vermochten. Nur so mag zu erklären sein, wie er die Alleinherrschaft in Deutschland erringen konnte. Nachdem er den letzten innenpolitischen Gegenspieler ausgeschaltet hatte, verstummte jede nach außen vernehmbare Kritik. Man muß lange in den Büchern der Weltgeschichte blättern, um den Herrscher eines bedeutenden Landes zu finden, der innenpolitische Macht mit einem solchen Grad an Absolutheit ausgeübt hat, wie er. Im Guten wie im Bösen befahl Hitler ohne Widerspruch. Das eine wie das andere potenzierte sich deshalb. Nur so läßt sich sein steiler Aufstieg und jäher Absturz erklären.

Ein besonderes Kapitel ist dem Obersalzberg gewidmet. In der Höhenluft des Berghofes angesichts einer gewaltigen Kulisse von Bergriesen, die den Berghof umstellen, fielen die meisten Entscheidungen Hitlers. Hierher zog sich der Führer zurück, wenn ihn Magenschmerzen, Herzrhythmusstörungen oder der Parkinson plagten.

Berichte über das Leben auf dem Obersalzberg verraten Geheimnisse über den Menschen Hitler, die sonst unbekannt geblieben wären. Hier muß vor allem sein Abhängigkeitsverhältnis zu Bormann genannt werden. Dessen sklavischer Gehorsam hatte eine Kehrseite: Bormann gewann Handlungsfreiheit, Macht. Wozu er die nutzte, das wird zukünftige Historiker noch beschäftigen.

So geriet der Obersalzberg für einige Jahre in den Brennpunkt des Weltgeschehens. Erfahrungen des ehemaligen Kommandanten fließen in die Schilderung mit ein.

Eva Braun im Kreise ihrer Familie und Freunde. Die dritte von rechts ist Eva Braun, ganz links ihr Vater.

1. Teil
ADOLF HITLER — BIOGRAPHISCHES

Herkunft

Frühe Kindheitserlebnisse, Jugendsünden oder -torheiten, geben Fingerzeige zur Deutung des Einzelgängers Hitler, Erklärungen liefern sie nicht. Es wird ein Rätsel bleiben, aus welchem Stoff er sein Weltbild geformt hat.

Adolf Hitler wurde am 20. April 1889 in Braunau am Inn als Sohn des k. k. Zollamtsoffizials Alois Hitler und dessen Ehefrau Clara, geb. Pölzl, geboren. Der Vater, ein uneheliches Kind der Maria Anna Schicklgruber, verlebte Kindheit und Jugend bei Johann Nepomuk Hüttler. Es gibt eine umfangreiche Literatur über die Frage, ob dieser Hüttler als Adolf Hitlers Großvater angesehen werden muß, oder ob die Großmutter Anna Maria Schicklgruber das Kind von einem Juden namens Frankenberger empfangen hat, als sie in dessen Haus als Angestellte diente. Diese Vermutung wird heute mehrheitlich verneint.

Hitlers Großvater hieß demnach Johann Nepomuk Hüttler. Dieser war zugleich sein Urgroßvater mütterlicherseits; Inzucht hohen Grades. Der Großvater seiner Mutter Clara, geb. Pölzl, war nämlich ebenfalls Johann Nepomuk Hüttler.

Der strenge Vater

Vater Hitler erzog das Kind Adolf hart. Er selbst hatte sich mit Fleiß und großer Willenskraft aus einfachen Verhältnissen hochgearbeitet. Nur mit Volksschulbildung ausgestattet hatte er sich als Autodidakt auf die Beamtenlaufbahn vorbereitet. Die Erfahrungen seines beruflichen Aufstieges sollten dem Sohne nutzen. Dieser jedoch wollte anders. Es kam zu schweren Auseinandersetzungen. Seine Schwester Paula sagte später aus: „Er hat jeden Abend seine Tracht Prügel gekriegt, weil er nicht pünktlich zu Hause war" (Schröder S. 336). „Meinen Vater habe ich nicht geliebt, aber umso mehr gefürchtet. Er war jähzornig und schlug sofort zu", pflegte Hitler zu sagen.

Aus Karl May hatte Hitler gelernt, man müsse Schmerzen ertragen ohne zu klagen. Dies tat er von einem bestimmten Tag an, soviele Schläge der Vater ihm auch zuteilte. Dies beeindruckte den Vater. Von Stund an prügelte er nicht mehr.

Hitler sollte nach dem Willen des Vaters Beamter werden. Er aber sträubte sich dagegen. So kam es zu heftigen Streitereien zwischen Vater und Sohn. Von früher Jugend an empfand Hitler Abscheu gegen die Schule. Ihr Abgangszeugnis wäre jedoch die Voraussetzung für die Erfüllung des väterlichen Wunsches gewesen.

Diese Gefühle steigerten sich schließlich, bis sie in Haß gegen Schule und Lehrer ausarteten. Hitler hat sich später nie darüber geäußert, ob er den eigenen Vater in diesen Haß mit einbezog.

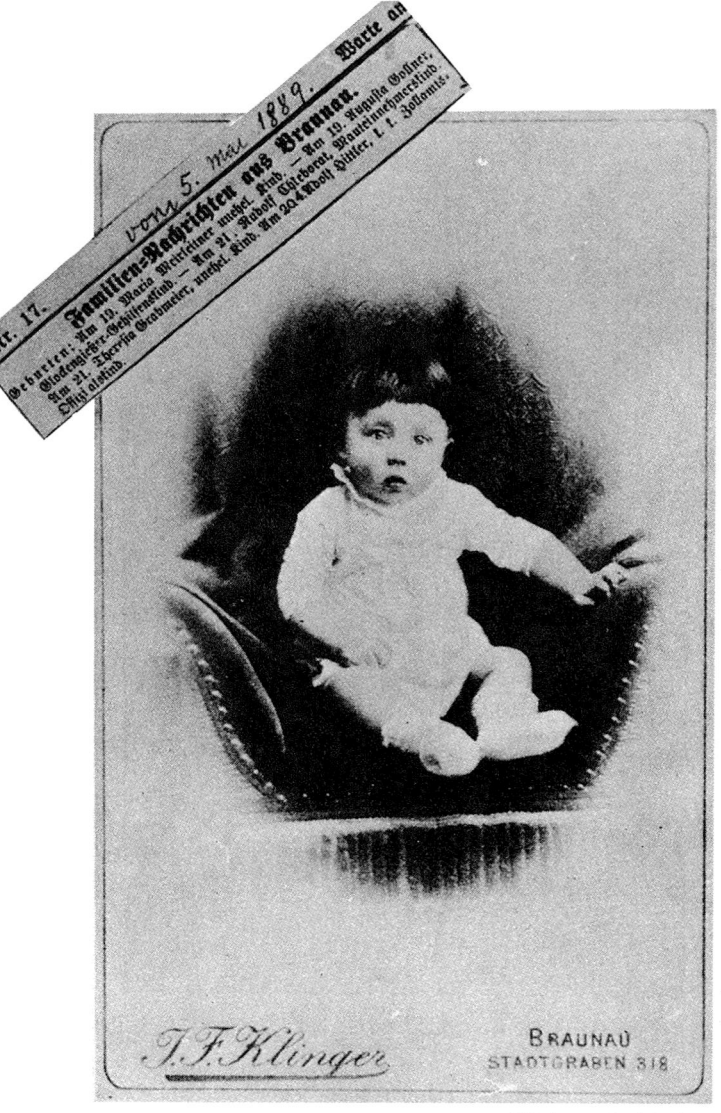

Hitler als Baby

Hitlers Vater

Die Lehrer beurteilten den Schüler Hitler wesentlich günstiger als umgekehrt. Sie bescheinigten ihm, daß er zwar einseitig aber entschieden begabt sei. Zu kritisieren hatten sie seine Widerborstigkeit, seine Rechthaberei, seinen Jähzorn. Wenig günstig beurteilten sie seinen Hang zu Bequemlichkeit und sein Unvermögen zu geregelter Arbeit.

1903 starb der Vater. Von nun an war ihm der Respekt seines eigenwilligen Sohnes gewiß.

Liebe der Mutter

Die ihren Sohn zärtlich liebende Mutter versuchte ihn doch noch auf den vom Vater vorgezeigten Weg zu bringen. Erst als Hitler an einer schweren Grippe erkrankte, die auch auf die Lunge übergriff, ließ sie von ihrem Vorhaben ab. Kein Abitur. Ihr wäre auch ohnehin keine andere Wahl geblieben, da Hitlers starker Wille einer anderen Entscheidung unüberwindbar entgegengestanden hätte. Die Gesundheit kehrte in Spital im Hause seiner Tante, der Schwester seiner Mutter, überraschend schnell zurück. Im Herbst 1905 erklärte sich die Mutter damit einverstanden, daß ihr Sohn an der Wiener Akademie der Bildenden Künste studierte. Aber Hitler ließ sich Zeit damit. Er genoß die Freiheit und das Nichtstun. Den Prüfungstermin im Mai 1906 für die Aufnahme in die Akademie ließ er verstreichen.

Im September 1907 beteiligte sich Hitler endlich mit 112 weiteren Kandidaten an der Aufnahmeprüfung. Ihren ersten Teil, Klausur Komposition, bestand er. 33 Kandidaten fielen durch. Beim Probezeichnen jedoch genügte auch er nicht den gestellten Anforderungen. Er hatte zu wenig „Köpfe" vorgelegt. Nur 28 Kandidaten bestanden die Prüfung.

Im November 1907 kehrte er nach Linz (Urfahr) zurück. Seine Mutter hatte ihm verheimlicht, daß sie am 18. Januar 1907 an Brustkrebs operiert worden war. Der jüdische Arzt Dr. Eduard Bloch behandelte sie. Hitler übernahm die Pflege seiner vom Tode gezeichneten Mutter. Er führte den Haushalt, überwachte die Schularbeiten seiner Schwester Paula, wusch, scheuerte und kochte das Essen für die Mutter, Schwester und sich.

Dr. Bloch, der den besorgten Sohn Hitler in dieser Zeit beobachten konnte, erklärte im November 1938: „In inniger Liebe hing er (Hitler) an seiner Mutter, jede Bewegung beobachtend, um ihr rasch kleine Hilfeleistungen angedeihen zu lassen. Sein sonst traurig in die Ferne blickendes Auge hellte sich auf, wenn die Mutter sich schmerzfrei fühlte."

Am 23. Dezember 1907 wurde die Mutter beerdigt.

Oben: Hitlers Klassenzimmer, wo er mit 6 Jahren eingeschult wurde.
Mitte: Klassenfoto des Schülers Hitler.
Unten: Hitlers Mutter, Clara, geb. Pölzl (1860 – 1907).

Hungerleben in Wien

Der nunmehr 18jährige Vollwaise Hitler regelte die Nachlaßangelegenheiten und zog im Februar 1908 nach Wien. Dort nahm er Kunstunterricht bei dem Bildhauer Pannitzer. Im September 1908 unterzog er sich noch einmal der Aufnahmeprüfung an der Akademie für Bildende Künste. Diesmal fiel er in allen Prüfungsfächern durch. Zum Probezeichnen wurde er nicht einmal zugelassen. Es folgte für Hitler eine Zeitspanne bitterer Armut. Einige Wochen bewohnte er noch zusammen mit seinem Freund Kubizek ein Zimmer in der Stumpergasse in Wien. Hitler lebte nur von seiner Waisenrente und von dem, was er sich mit dem Verkauf der von ihm gemalten Aquarelle verdiente. Er führte ein Hungerdasein, was ihn gegenüber dem durch das Elternhaus gut versorgten Freund in Verlegenheit brachte.

Vielleicht verließ Hitler aus diesem Grunde eines Tages überraschend die gemeinsame Wohnung. Vergebens bemühte sich sein Freund, ihn in der Riesenstadt zu finden. Hitler übernachtete im Männerheim; aber nicht nur dort. Er lernte Wien von der scheußlichsten Seite kennen. Im Obdachlosenasyl wurde er mit einem Landstreicher namens Hanisch bekannt, der ihm beim Bilderverkauf half, ihn aber auch betrog, so daß es zu einer gerichtlichen Auseinandersetzung kam.

Dreieinhalb Jahre lang lebte Hitler in dieser Szenerie von Schmutz, Verbrechen, Armut.

Der genaue Ablauf dieser Jahre ist auch heute noch unbekannt. Von Übernachtungen auf Parkbänken, in Kaffeehäusern wird berichtet, von Frostbeulen, die er sich bei solchen Gelegenheiten zuzog. Später, während des Rußlandwinters 1941/42, wurde er wieder an diese Jugenderlebnisse erinnert. Hitler malte Kleinformate, Aquarelle, Zeichnungen, Ölbilder. Zeitweise lieferte er jeden Tag ein Bild ab. Unter seinen Kunden gab es Wiederverkäufer, Sammler und gelegentlich auch jüdische Kunstmäzene.

Meist malte er nach Vorlagen, was den Wert seiner Arbeiten beeinträchtigte. Die Ansicht jedoch, er sei nicht fähig gewesen, nach der Natur zu malen, wird durch viele gelungene Arbeiten dieser Art widerlegt. Als Beispiele hierfür seien nur Aquarelle und Skizzen erwähnt, die er als Gefreiter des ersten Weltkrieges im Feldunterstand anfertigte. Von ihm sind auch gelungene Porträtskizzen und Bilder nach freien Entwürfen erhalten geblieben.

Der englische Schriftsteller, Maler und Regisseur Eduard Gordon äußerte nach dem Studium der Weltkriegsaquarelle Hitlers, er halte diese für bemerkenswerte künstlerische Arbeiten (Maser S. 97).

Durch den Verkauf seiner Bilder steigerte Hitler allmählich die Einnahmen, so daß er von sich aus im Mai 1911 auf die ihm bis einschließlich April 1913 zustehende Waisenrente zugunsten seiner Schwester Paula verzichtete.

Später beurteilte Hitler den Wert seiner Aquarelle aus dieser Zeit zurückhaltend. Auf dem Höhepunkt seiner Karriere wurden hierfür Phantasiepreise bezahlt. Damals versuchte er, dem Einhalt zu gebieten.

Linke Seite oben: Zeichnung des 11jährigen Hitler. Rechte Seite oben: Aquarell Hitlers aus der Wiener Zeit. Das Bild zeigt die Altstadt Wiens (Ratzenstadt). Rechte Seite Mitte: An- und Abmeldezettel. Wien, Meldemannstraße 27 (Männerwohnheim).

Unten: Ein Aquarell Hitlers aus dem Jahre 1914: Der Hof der alten Residenz in München.

Er meinte, seine Liebe habe immer architektonischen Planungen gegolten.

„Wenn ich heute imstande bin, den Grundriß eines Theatergebäudes aufs Papier zu werfen, so mache ich das nicht im Trancezustand. Es ist das Ergebnis meines damaligen Studiums" (Schröder S. 134).

So sagte er einmal zu seiner Sekretärin Christa Schröder. Das Nichtstun während seiner Wiener und später auch Münchner Jahre muß differenziert betrachtet werden. Er arbeitete nächtelang, aber nur was ihm für wichtig erschien. Pflichten gegenüber Dritten kannte er nicht. An übernommene Lehrmeinungen fühlte er sich nicht gebunden. Tradition ließ er nur gelten, wenn diese in sein Weltbild paßte.

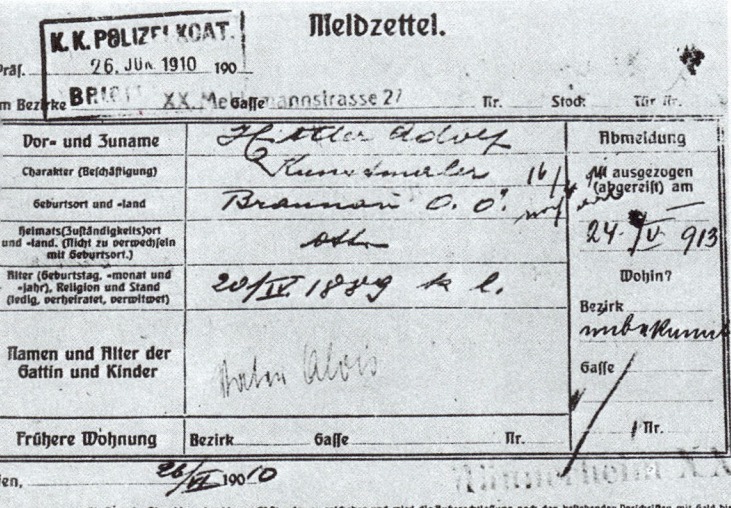

Politische Motive

Am 24. Mai 1913 meldete sich Hitler in Wien polizeilich ab und übersiedelte nach München. Dort mietete er bei dem Schneidermeister Popp in der Schleißheimer Straße ein Zimmer. Auch in München lebte er vom Verkauf seiner Bilder. Die Einnahmen reichten für den Lebensunterhalt gut aus. Laut Steuererklärung verdiente er durchschnittlich 100 Mark monatlich. Ein Bankangestellter seines Alters (24 Jahre) verdiente damals 70 Mark. Hitler hatte also noch Geld übrig. Es erhebt sich demnach die Frage, ob er aus wirtschaftlichen Gründen nach München übergesiedelt ist. Seine Einnahmen der letzten Wiener Jahre waren nicht geringer. Aus vielen seiner Äußerungen ist bekannt, daß er die damalige österreichisch-ungarische Monarchie für krank hielt. In ihr dominierten die Juden, Tschechen und Ungarn, wie er meinte. Dieser Vielvölkerstaat sei politisch unzuverlässig und könne das junge deutsche Reich in den Strudel des eigenen Untergangs mit hineinziehen.

Die Übersiedlung von Wien nach München erfolgte vermutlich nicht aus wirtschaftlichen Motiven. Da die Lebensbedingungen hier wie dort einander ähnelten, liegt die Vermutung nahe, daß Hitler aus politischen Motiven Österreich den Rücken kehrte.

Auch in München machte Hitler, ähnlich wie in den Wiener Jahren, den Eindruck eines scheuen Einzelgängers. Allerdings muß es in diesen Jahren Bekanntschaften, vielleicht auch Freundschaften gegeben haben. Auskunft davon gibt ein Feldpostbrief, den Hitler im Februar 1915 an seinen Münchner Bekannten Ernst Hepp geschrieben hat. (Bundesarchiv Koblenz NS 22/4)

Politische Ideen nahmen damals Gestalt an. Sein Zimmervermieter Popp mußte sich so manchen Abend die Monologe Hitlers anhören.

Kriegsfreiwilliger

Am 5. 2. 1914 war Hitler durch die Salzburger Musterungsbehörde vom Militärdienst befreit worden. Da hieß es: „Zum Waffen- und Hilfsdienst zu schwach, waffenunfähig". Das im Jahre 1905 aufgetretene Lungenleiden hatte schon seine Mutter bewogen, den Sohn von der Schule zu nehmen. Nichts mehr davon war zu spüren, als am 1. August 1914 auf dem Odeonsplatz in München die Kriegserklärung verkündet wurde. Hitler befand sich unter der begeisterten Menge. Sofort reichte der militärdienstunfähig geschriebene Hitler, er war noch immer österreichischer Staatsbürger, ein Immediatgesuch beim bayrischen König ein, in das bayrische Heer eintreten zu dürfen. Schon am nächsten Tage wurde das Gesuch genehmigt. Er durfte sich bei einem bayrischen Regiment melden und wählte das Reserve Infanterieregiment Nr. 16. Es erhielt den Beinamen „List", als dessen Kommandeur Oberst List im Oktober 1914 fiel.

Als Meldegänger zwischen Regimentsstab und den vordersten Stellungen gewann Hitler Einblick in die Vorgänge in unteren und mittleren militärischen Befehlsstellen. Erfahrungen, die er hierbei sammelte, dürften dem späteren Obersten Befehlshaber der Wehrmacht noch gut in Erinnerung gewesen sein.

Die Vorgesetzten Hitlers im ersten Weltkrieg bescheinigen ihm, daß er sich durch Tapferkeit, umsichtiges Verhalten und Opferbereitschaft auszeichnete.

So warf er sich gelegentlich eines Erkundungsganges vor seinen Regimentskommandeur, um diesen vor dem feindlichen Kugelhagel zu schützen. Er wurde mit dem Verwundetenabzeichen, dem EK 2 und dem EK 1 ausgezeichnet. Da er es nur bis zum Gefreiten brachte, sind diese Auszeichnungen doppelt zu werten.

Verwunderlich bleibt es allerdings, daß er angesichts seiner erbrachten militärischen Leistungen keinen höheren Dienstgrad erreichte. Sein Einzelgängertum, seine Besserwisserei, seine Verschlossenheit seien daran schuld — so berichteten Kameraden von damals nach dem Kriege.

Verkündung der Kriegserklärung am 1. August 1914 in München auf dem Odeonsplatz. Hitler inmitten der begeisterten Menschenmenge (siehe Bildausschnitt).

Oben: Aquarell des Frontsoldaten Hitler. „Haus mit weißem Zaun".
Mitte links: Hitler Jahre später als Redner.
Mitte rechts: Aquarell des Frontsoldaten Hitler (Dezember 1914) „Klosterruine in Messines".
Unten: Hitler im Unterstand an der Westfront (ganz links).

Das Pasewalkerlebnis

In der Nacht vom 13. zum 14. Oktober 1918 erlitt Hitler eine schwere Gelbkreuzverwundung. Es bestand Erblindungsgefahr. Er wurde in ein preußisches Lazarett in Pasewalk in Pommern eingeliefert. Wie Hitler später in seinem Buche „Mein Kampf" formulierte, beschloß er damals, angesichts der Not seines Vaterlandes Politiker zu werden. Es ist zu bezweifeln, ob das Pasewalkerlebnis wirklich diesen Entschluß ausgelöst hat. Zu nahe rückte später der Parteipolitiker Hitler dieses Erlebnis an biblische Bilder. „Erleuchtung", „Sendung", „Offenbarung". Dem steht sein Verhalten danach entgegen.

Nach seiner Ausheilung ging Hitler zur 7. Kompanie des 1. Ersatzbataillons des 2. Bayrischen Infanterieregimentes, das sich in den Händen von Soldatenräten befand. Der bayrische König war geflohen, Kurt Eisner hatte die Republik ausgerufen. Die nachfolgenden bayrischen Turbulenzen, Ermordung Kurt Eisners am 21. Februar 1919, die Ausrufung der Räterepublik am 6. und 7. April 1919, Erschießungen, Exzesse, der Sturz des Räteregimes durch den damaligen Reichswehrminister Ludwig Noske, wobei es wieder zu Erschießungen und Grausamkeiten auf beiden Seiten kam, dies alles beobachtete Hitler, ohne daß er Partei ergriff. Damals hielt Hitler sich in der Max-Kaserne in München auf. Bis zum Einzug des Freikorps Epp und Noskes in München trug Hitler nach Angaben Otto Strassers (Aussage von 1952) die rote Armbinde (Maser S. 159). Wohl aus diesem Grunde wurde er zunächst verhaftet, kam aber nach Fürsprache einiger Offiziere, die ihn kannten, wieder frei.

Noch lange nach dem Einmarsch Epps blieb er unentschlossen, welchen Beruf, welche Partei er ergreifen solle. Da Otto Strasser später in eine tödliche Gegnerschaft zu Hitler geriet, mag diese Aussage (rote Armbinde) anfechtbar sein. Es ist aber auch unbestreitbar, daß Hitler dem bayrischen Königshaus und dem Adel insgesamt keine Träne nachweinte. Er stand deshalb mit Sicherheit auch Herrn von Epp skeptisch gegenüber.

Das sozialrevolutionäre Element im Denken der neuen Machthaber, aber auch die Zwänge der damaligen Situation gaben schließlich den Ausschlag.

Hitler wurde zu einer Untersuchungskommission kommandiert, die Unteroffiziere und Mannschaften ausfindig machen sollte, welche während der Rätezeit mit den Roten sympathisiert hatten. Diese Aufgabe erfüllte er zur Zufriedenheit seiner Vorgesetzten. Er bekam weitere Aufgaben dieser Art. So geriet er in den Strudel des politischen Geschehens. Hitler begann seine politische Laufbahn.

Bald wuchs Hitler über die Aufgabe hinaus, mit welcher ihn die Untersuchungskommission betraut hatte. In Gesprächsrunden seines Münchner Regiments tat er sich mit Diskussionsbeiträgen hervor. Deshalb wurde er zum Bildungsoffizier seines Regimentes ernannt. Nun entfaltete der junge Politiker seine Begabung als Redner.

Volksredner

„Hitler ist der geborene Volksredner. Er reißt seine Zuhörer mit und zwingt sie kraft seiner Persönlichkeit zum Mitdenken."

So urteilten damals die Vorgesetzten. Die Zuhörer seiner Reden, meist Kriegsveteranen, wurden seine Anhänger. Hierzu gehörten Hess, Göring, Esser, Streicher, Rosenberg, Röhm, Frank und andere. Diese Anhänger wiederum verschafften ihm Beziehungen zu Gönnern und Geldgebern. Ernst Hanfstaengl, Putzi genannt, der ihn 1922 zum ersten Male reden hörte und sofort zu Hitlers Bewunderern zählte, später aber vor ihm ins Ausland flüchtete, urteilte 50 Jahre später so:

„Damals hatte sein Bariton noch Schmelz und Reso-

nanz. Da standen ihm noch Kehltöne zur Verfügung, die unter die Haut gingen. Da waren seine Stimmbänder noch unverbraucht und befähigten ihn zu Nuancierungen von einzigartiger Wirkung."

In dieser Münchner Zeit entstand auch die Freundschaft zu Dietrich Eckart. Dieser war damals schon ein erfolgreicher Dichter, der über beträchtliche Einnahmen verfügte. Seine dramatischen Bühnenstücke „Froschkönig", „Familienväter" und „Heinrich der Hohenstaufe" wurden von vielen deutschen Bühnen aufgeführt. Am erfolgreichsten war er mit seiner Nachdichtung von Ibsens „Peer Gynt". Sie wurde ins Holländische, Tschechische und Ungarische übersetzt. Allein im Berliner Staatstheater wurde sie bis zur Verhaftung Eckarts (1923) 500mal gespielt.

Hitler wurde von seinem Regiment beauftragt, eine der kleinen Parteien zu besuchen, die damals wie Pilze aus der Erde schossen. Es handelte sich um die Deutsche Arbeiter Partei (DAP), eine im Umfeld der Thule Gesellschaft entstandene Gruppierung. Diese führte die Tradition völkisch antisemitischer Bünde fort, die schon in der Vorkriegszeit von sich reden machten. Anton Drexler hatte die DAP gegründet. Man kam einmal wöchentlich im Münchner Sterneckerbräu zusammen. Die DAP diente damals mehr der Geselligkeit, als daß sie politische Wirkung erzielte.

Der Kreis um Drexler schwärmte davon, Nation und Sozialismus miteinander zu versöhnen. Wie konnte man ahnen, daß diese Gedanken einst gewaltigen Widerhall finden sollten. Wie ein Blitz funkte Hitler am 12. September 1919 in einen dieser gemütlichen Bierabende hinein. Gottfried Feder sprach über das Thema „Wie und mit welchen Mitteln beseitigt man den Kapitalismus?"

Hitler hörte gelangweilt zu. In der anschließenden Diskussion ging es plötzlich um das Thema: Loslösung Bayerns vom Reich. Hitler hatte das Stichwort. Leidenschaftlich griff er seine Vorredner an. Das imponierte. Drexler schickte Hitler unaufgefordert die Mitgliedskarte Nr. 555 seiner Partei. Unruhe war in die Runde hineingefahren. Hitler kam in den Siebener Ausschuß der Partei und wurde so der für Werbung und Propaganda zuständige Mann. Ab sofort gab Hitler den Ton an. Am 16. Oktober 1919 fand die erste öffentliche Versammlung statt. Hitlers Rede fand begeisterte Zuhörer. Nun wußte er, was er längst geahnt hatte. Ich bin ein Redner!

Noch immer tauchte in polizeilichen Papieren dieser Zeit für Hitler die Berufsbezeichnung Maler auf. Vielleicht ein Hinweis, daß er sich seiner Sache noch nicht so ganz sicher war. Im Jahre 1919 aber hieß es laut polizeilichem Nachrichtendienst München: Werberedner. Am 24. Februar 1920 fand auf Hitlers Drängen die erste Großveranstaltung der DAP statt. Als Hauptredner trat ein Dr. Dingeldein auf. Dann aber kam die Reihe an Hitler. Mit einer Stimmgewalt und rhetorischer Meisterschaft verkündete er das Programm der DAP, daß später die Legende kolportiert wurde, dieser Auftritt sei mit Luthers Thesenanschlag an der Schloßkirche in Wittenberg zu vergleichen. In 25 Programmpunkten war ein nationaler Sozialismus verkündet worden. Der Antikapitalismus und Antisemitismus dieser Programmpunkte war unverkennbar.

Eine Woche später änderte die DAP ihren Namen in NSDAP, Nationalsozialistische Deutsche Arbeiterpartei.

Oben: Der Dichter Dietrich Eckart. Er war einige Jahre der Herausgeber des „Völkischen Beobachters".
Unten: Mitgliedskarte Hitlers in der Deutschen Arbeiter Partei.

Linke Seite Mitte: Gruppenaufnahme im Lazarett Pasewalk. Hitler zweiter von rechts, hinterste Reihe.
Linke Seite unten: Hitler hält eine Rundfunkansprache anläßlich der Reichspräsidentenwahl 1932.

Der große Vorsitzende einer kleinen Partei

Am 1. April 1920 schied Hitler aus dem Heeresdienst aus. Von nun an widmete er sich ganz der politischen Arbeit. Er hatte nur noch Einnahmen aus seiner Tätigkeit als freier Politiker.

Mit Feuereifer stürzte er sich in die Parteiarbeit. Sein Grundsatz: Alle acht Tage wenigstens eine Massenkundgebung. So trat er vom November 1919 bis zum November 1920 einunddreißigmal als Redner auf. Es war, als steigere sich seine rhetorische Meisterschaft von Mal zu Mal. Die Zahl seiner Zuhörer stieg ständig. Manchmal lauschten bis zu 3000 Menschen seinen Worten. Er packte immer wieder dieselben Themen an:

Novemberverrat (Revolution 1918), Juden, die hieran die Schuld trügen. Er lobte die bürgerlichen Tugenden. Gerade sie wußte er in immer neuen Redewendungen zu preisen. Er sprach von Respekt, den die Jugend dem Alter zu zollen habe, von der Liebe zum Volk und zum Vaterland, von der Liebe zur Familie sowie von der Pflichterfüllung in dieser kleinsten aber wichtigsten Gemeinschaft.

Es gab viele Faktoren, die Hitlers Aufstieg begünstigten. Die polarisierende Wirkung seiner Reden ließ nicht nur die Zahl der Anhänger, sondern auch die seiner Gegner wachsen. So wurde im Rheinland sowie im Ruhrgebiet eine „Rote Armee" aufgestellt, eine halbmilitärische Kampftruppe der Kommunisten, die in einer Stärke von nahezu 50 000 Mann Hitlers Auftreten Einhalt gebieten sollte. Dies wiederum hatte zur Folge, daß konservative Kräfte des Landes, wie zum Beispiel die Reichswehr und Freikorpsverbände Bayerns, das Auftreten Nationalsozialistischer Kampftrupps begünstigten. Unter ihnen muß der damals aktive Hauptmann Ernst Röhm erwähnt werden. Er war einer ihrer wichtigsten Helfer.

Sehr bald nach dem ersten öffentlichen Auftreten Hitlers wurde die Schubkraft seines Steigfluges durch Helfer und Gönner aus Industrie, Wirtschaft und der gehobenen Münchner Gesellschaft verstärkt. In den bürgerlichen Salons wurde man neugierig auf diesen „wilden" Mann, der so plötzlich aus der Hefe des Volkes aufstieg. Frau Hanfstaengl (Kunstverlag), Frau Bechstein (Pianoforte Fabrikation), Frau Bruckmann (Verlag) luden ein und stellten Hitler der Bohème, den Künstlern, Wissenschaftlern, z.B. dem Historiker Alexander von Müller, dem Klerus, z. B. Abt Schachleitner, Münchens vor. Hier muß erwähnt werden, daß Hitler eine ungewöhnliche Faszination auf die schönsten und reichsten Frauen dieser Zeit ausübte. Immer wieder halfen sie der ständig bankrotten Partei mit Geld, Schmuck, Empfehlungen aus. Zu allem Überfluß waren sie auch noch aufeinander eifersüchtig. Man darf die Behauptung aufstellen, daß ohne ihre Hilfe Hitlers Aufstieg kaum möglich gewesen wäre. Hitler nahm von diesen Angeboten, was er verwenden konnte. Dazu gehörten auch die Umgangsformen dieser Gesellschaftszirkel, deren er sich ebenso bediente wie ihres Geldes.

Allerdings hinderten ihn die Zivilisierungsbemühungen seiner Gönnerinnen nicht daran, sich auch der Hilfe von Männern zu bedienen, deren Radikalität seine bürgerlichen Förderer abstoßen mußte. Dazu zählte insbesondere Hermann Esser, von dem Hitler sagte, er behalte ihn nur solange, wie er ihn brauchen könne; oder der Hauptlehrer Julius Streicher, dessen wütender Antisemitismus manchmal selbst Hitler bedenklich stimmte.

Gottfried Feder und Anton Drexler, die eigentlichen Gründungsväter der NSDAP, sahen sich persönlich von der stürmischen Aufwärtsentwicklung ihrer Partei überfordert. Dieser Werbemann Adolf Hitler wurde ihnen allmählich unheimlich. Er wuchs ihnen über den Kopf. So nahmen sie mit anderen völkischen Organisationen Fühlung auf, um sich der Übermacht Hitlers erwehren zu können.

Aber dieser eher hilflos anmutende Schachzug sollte ihnen zum Verhängnis werden. Am 11. Juli 1921 erklärte

Linke Seite oben: Parteibüro der NSDAP in der Corneliusstraße in München 1929.
Linke Seite unten: Lady Unity Mitford; eine Engländerin, die zu den vielen Anbeterinnen Hitlers gehörte. Sie machte einen Selbstmordversuch, wie einige schöne Frauen, die sich von ihm magnetisch angezogen fühlten.
Rechte Seite Mitte: Hitler mit Putzi Hanfstaengl und Göring im Gespräch.
Rechte Seite unten: Hitler umgeben von seinem Kampfgefährten der frühen 20iger Jahre. V.l.n.r. Putzi Hanfstaengl, Schaub, Adolf Hitler, Rudolf Heß, Walter Darré, Julius Streicher, Adolf Hünlein.

Hitler überraschend seinen Austritt aus der Partei. Den Wiedereintritt machte er davon abhängig, daß ihm diktatorische Vollmachten erteilt würden. Um den Verfall des bisher Erreichten zu verhindern, blieb dem Parteiausschuß nichts anderes übrig, als den Forderungen Hitlers nachzugeben.

Dietrich Eckart war dabei behilflich, die Krise zu überwinden. Am 29. Juli 1921, erhielt Hitler die geforderten Vollmachten, Drexler wurde Ehrenvorsitzender und Hermann Esser, den die Aufmüpfigen schon gefeuert hatten, durfte an der Seite Hitlers weiter agitieren.

Kurz darauf, am 3. August 1921, gründete Hitler die SA. Die „Schlacht im Hofbräuhaus" vom 4. November 1921, wo 50 SA-Männer sozialdemokratische Störtrupps aus dem Saal hinausprügelten, deutete an, wie Hitler nun vorzugehen gedachte.

Die Strategie Hitlers war darauf angelegt, allen Zuhörern mit seinen Reden etwas zu bieten. Arbeiter, Mittelstand und Intellektuelle sollten sich angesprochen fühlen. So sagte er:

„Für einen klassenbewußten Arbeiter ist kein Platz in der NSDAP, ebensowenig wie für einen standesbewußten Bürger."

Die langsam einsetzende Inflation kam ihm gerade recht. Plötzlich fing sie an zu rasen, explodierte förmlich und vernichtete die Ersparnisse der Bürger. Die während des Krieges aufgelaufenen Staatsschulden betrugen etwa 150 Milliarden Goldmark. Die Reparationsforderungen der Siegermächte betrugen 223 Milliarden Goldmark. Das Versailler Diktat bestimmte, daß diese Reparationsforderung bis 1963 abzutragen sei. Bereits im Sommer 1923 war die Mark auf 1 Billionstel ihres Wertes gesunken. Damit entledigte sich der Staat auf Kosten aller Sparguthaben seiner Schulden. Geldforderungen wurden entsprechend abgewertet. Kreditnehmer waren aus dem Obligo. Sie, die zum Teil gegen die eigene Währung spekuliert hatten, gewannen über Nacht riesige Vermögen. Der Mittelstand verarmte.

Hitler erkannte diesen politischen Zündstoff im Volksgefüge. Er fand die richtigen Worte, um blanke Wut auflodern zu lassen, steigerte die Heftigkeit seiner rednerischen Einsätze. Mit sicherem Instinkt spürte er die Stimmung in den Herzen seiner Zuhörer und wußte, wie er mit seinen Reden darauf eingehen konnte: Novemberverrat, Ausbeutung fleißiger Menschen, Versailler Schanddiktat, Negermusik, entartete Kunst, sexuelle Enthemmung, jüdische Machenschaften.

Die Erfolge überstürzten sich. Im November 1923 zählte München 55 000 Parteimitglieder. Die Zahl der Abonnenten der Parteizeitung, des „Völkischen Beobachters", wuchs. Auch außerhalb Münchens meldeten sich erste Erfolge an.

**Oben: SA-Aufmarsch vor Hitler 1932 in Nürnberg.
Rechte Seite unten: Ludendorff und Hitler.**

Das Selbstvertrauen Hitlers kannte keine Grenzen mehr. Er äußerte eines Tages:
„Von nun an gehe ich meinen Weg alleine."
Er selbst war der „kommende Mann" und nicht dessen „Johannes". So sagte er. Damit zeigte es sich, daß auch die Sprache der Bibel zu seinem Repertoire gehörte.

Pistolenschuß in die Saaldecke

Anfang 1923 besetzten französische Truppen das Ruhrgebiet. Mit dieser Maßnahme hatte sich Frankreich mehr Rechte dem besiegten Deutschland gegenüber herausgenommen, als ihm nach dem Versailler Vertrag zustanden. England sah dem mißvergnügt zu. Das Gleichgewicht auf dem Kontinent kam in Gefahr. Die weiteren Erfolge Hitlers wurden deshalb im Foreign Office nicht ohne eine gewisse Genugtuung beobachtet.

Die Inflation entwickelte nun erst ihre Sprengkraft. Empörung in der deutschen Bevölkerung über schießende Franzosen flammte auf. Hitler jedoch drohte:

„Ich werde jeden aus der Partei ausschließen, der sich am aktiven Widerstand gegen Frankreich beteiligt." So setzte er seine These durch, daß zunächst der Feind im Inneren beseitigt werden muß, bevor ein Erfolg nach außen möglich sei. Damit meinte er die Reichsregierung.

Trotz eines Rückschlages, den er bei einer mißglückten Demonstration am 1. Mai 1923 auf dem Oberwiesenfeld in München hinnehmen mußte, hielt Hitler an dieser Zielsetzung fest. — Dem stand der damalige Chef der Reichswehr, Generaloberst von Seekt entgegen. Vielleicht spielte dieser auch mit der Idee, bei passender

Gelegenheit die Macht zu übernehmen. Keinesfalls wollte er sie einem Hitler überlassen. Auf die Frage des Reichspräsidenten Friedrich Ebert, wo er, die Reichswehr, in dieser Stunde stehe, hatte er geantwortet: „Die Reichswehr, Herr Reichspräsident, steht hinter mir." Dieser Ausspruch stimmte zumindest für Bayern nicht. Dort lag die vollziehende Gewalt in den Händen des Generalstaatsanwalts Kahr. Der bayrische Teil der Reichswehr unter General Lossow unterstützte Kahr, als dieser partikularistische Ziele ansteuerte. Jeder stand gegen jeden. Der Konflikt Kahrs und Lossows mit der Reichsregierung, Ebert hier, Seekt da, brachte Hitler trotz aller bestehenden Meinungsunterschiede mit den bayrischen Machthabern zusammen. Es wurden Mobilmachungspläne für einen Marsch nach Berlin ausgearbeitet. Allerdings spielten Kahr und von Lossow Hitler gegenüber mit falschen Karten. Sie dachten nicht daran, Hitler bei ihren Umsturzplänen eine führende Rolle einzuräumen. Sie wollten auch noch nicht losschlagen. Seekt in Berlin sollte den Vortritt haben.

Hitler hingegen fieberte dem Beginn der Aktion entgegen. Der Marsch auf Berlin war oft genug angekündigt, vorbereitet und auch finanziert worden. Ein Rückzieher hätte sich bei seinen SA Männern als ein Prestigeverlust und für die junge Partei als eine finanzielle Katastrophe ausgewirkt. So entschloß er sich zum Handeln, ohne die Einwilligung Kahrs und Lossows abzuwarten. Die werden schon mitmachen, so spekulierte er, wie später so oft in seiner Laufbahn. Va banque. Der Generaloberst und Nationalheros Ludendorff stand auf seiner Seite. Genügend gute Karten? Vielleicht. Er suchte den Erfolg in einem „Blitzkrieg", das Moment der Überraschung nutzend.

Kahr rief das Kabinett, von Lossow, die Spitzen der Behörden und der Wirtschaft wie auch vaterländische Verbände, ohne Hitler und seine SA, am Abend des 8. November 1923 im Bürgerbräukeller in München zusammen, um eine Erklärung abzugeben. Hitler witterte Unrat. Hier sollte die Entscheidung ohne ihn fallen.

Die Versammlung begann um 20.15 Uhr. Hitler ließ das Gebäude von seinen bewaffneten SA Männern umstellen. Um 20.30 Uhr stürmte er den Saal. Um sich den nötigen Respekt zu verschaffen, feuerte er den berühmt gewordenen Pistolenschuß in die Decke, ließ Kahr, Lossow und Seißer festnehmen, erklärte, daß sowohl die bayrische als auch die Reichsregierung abgesetzt sei. Dann ernannte er sich selbst zum Reichskanzler, Pöhner zum bayrischen Ministerpräsidenten, Kahr zum Landesverweser, Ludendorff zum Kriegsminister und Seißer zum Polizeiminister.

Einer seiner fähigsten Gefolgsleute, von Scheubner-Richter, ein Baltendeutscher, wurde beauftragt, den uneingeweihten Ludendorff mit dem Auto zu holen, um ihn von der Lage in Kenntnis zu setzen. Er sollte die neue Reichsregierung absegnen.

Das tat er nach seinem Eintreffen auch. Verärgerung über Hitlers eigenmächtiges Handeln ließ er sich jedoch deutlich anmerken. Die drei Verhafteten Kahr, Lossow und Seißer taten so, als ob sie mitspielten.

Nun beging Hitler einem Fehler. Er verließ den Schauplatz aus weniger wichtigem Grunde kurzfristig. In dieser Zeitspanne entließ Ludendorff die noch immer Verhafteten wie auch Ernannten Kahr, Lossow und Seißer auf Ehrenwort. Damit war die Niederlage Hitlers am 9. November 1923 besiegelt. Die Freigelassenen kehrten sofort zurück in ihre Ämter. Gegenmaßnahmen wurden eingeleitet. Reichswehr und Polizei sperrten die Ausgänge Münchens für die Anhänger Hitlers. Dieser begriff gegen Mitternacht, daß sein Spiel verloren war. Er wollte aufgeben. Aber diesmal war es Ludendorff, der energisch darauf bestand, die Aktion fortzuführen. Es wurde eine Versammlungswelle in Gang gebracht. Dann formierte sich ein Demonstrationszug mit mehre-

ren tausend Teilnehmern. Sie marschierten in Richtung Stadtmitte. Hitler hatte sich bei von Scheubner-Richter untergehakt. Neben und hinter ihm marschierten Ludendorff in Zivil, Ulrich Graf, Göring, Dr. Weber, Kriebel. Am Odeonsplatz stand Polizei. Sie schoß. Scheubner-Richter wurde tödlich getroffen und riß Hitler mit zu Boden. Mühsam befreite sich Hitler aus der Umarmung des toten Gefährten. Sein Arm war ausgekugelt worden. 17 Tote und viele Verwundete, darunter Göring, waren zu beklagen.

Unter wenig rühmlichen Umständen floh Hitler vom Schauplatz des Ereignisses. Er suchte in Uffing bei München, im Hause von Ernst (Putzi) Hanfstaengl Zuflucht und Pflege seiner Verwundung. Zwei Tage später wurde er verhaftet und in die Festung Landsberg abtransportiert.

Es sah so aus, als sei Hitlers politische Karriere beendet.

Festungshaft in Landsberg

Es kam zum Prozeß gegen die Anführer des Putsches von München: Ludendorff und Hitler. Dieser schlüpfte sehr schnell aus der Rolle des Angeklagten in die des Anklägers. Hitler erklärte vor Gericht:

„Ich fühle mich nicht als Hochverräter, sondern als Deutscher, der das Beste wollte für sein Volk."
Weiter sagte er: „Mögen Sie uns tausendmal schuldig sprechen, die Göttin des ewigen Gerichtes der Geschichte wird lächelnd den Antrag des Staatsanwalts und das Urteil des Gerichts zerreißen; denn sie spricht uns frei."

Man verurteilte ihn zu fünf Jahren Festungshaft mit Bewährung. Generaloberst von Ludendorff wurde freigesprochen. Ein bemerkenswert mildes Urteil. Ludendorff wagte man nicht anzutasten. Hitler konnte mit diesem Spruch zufrieden sein. Die Führungsrolle Hitlers war eindrucksvoll bestätigt worden. Von nun an trat Ludendorff in den Hintergrund. Nicht nur dies. Hitlers Staatsstreich, so kläglich dessen Verlauf auch gewesen sein mag, war in ganz Deutschland, ja in der ganzen Welt, zur Kenntnis genommen worden. Tausend Versammlungen hätten nicht ausgereicht, um dieser agitatorischen Wirkung gleichzukommen.

In der Festung Landsberg genoß Hitler die Vorrechte eines geheimen Siegers. Zusammen mit ihm waren 40 weitere Teilnehmer des Putsches nach Landsberg verbracht worden. Darunter befanden sich Heß, Heines, Amann, Schreck und der Student Walter Hewel. Inmitten seiner Anhänger führte Hitler ein verhältnismäßig ungezwungenes Leben. Während des Essens im großen Tagesraum führte Hitler den Vorsitz. Mithäftlinge hielten sein Zimmer in Ordnung. Er erhielt bergeweise Post, darunter viele Pakete. Wenn er an Kameradschaftsabenden das Wort ergriff, lauschten auch die Gefängniswärter. Gegen die Vorschrift empfing er täglich Besuche von Anhängern, Politikern und sogar von Bittstellern. Stundenlang hielt „Der Gefangene" täglich Hof. Einen weiteren Nutzen warf die Gefängniszeit für Hitler ab. Er schrieb den ersten Band seines Buches „Mein Kampf". Trotz stilistischer Unzulänglichkeiten sollte es später mit über 10 Millionen Exemplaren verkauft werden.

Am 7. Dezember 1924 fand eine Reichstagswahl statt. Die Völkischen erhielten nur 3% der Stimmen. Die Gefahr des Rechtsradikalismus schien gebannt. Hitlers Partei war während seiner Abwesenheit im Streit auseinandergelaufen. Hitler wurde am 20. Dezember 1924 vorzeitig aus der Haft entlassen.

Hitler hatte wohl ganz bewußt während der Zeit seiner Haft darauf verzichtet, in die Streitereien der Partei einzugreifen. Die angenehmen Haftbedingungen hätten ihm dazu genügend Möglichkeiten geboten. Er aber sah ungerührt mit an, wie sich die Gesinnungsfreunde in die Haare gerieten. Solange er außer Gefecht gesetzt war, durfte im rechten Lager kein starker Mann aufstehen, der ihm nach der Freilassung den Rang streitig machen konnte.

Ohne sein Dazutun war in der geschwächten Partei ein derart großer Erwartungsdruck entstanden, daß Hitler nur zu kommen brauchte, um bereits Wirkung zu erzielen.

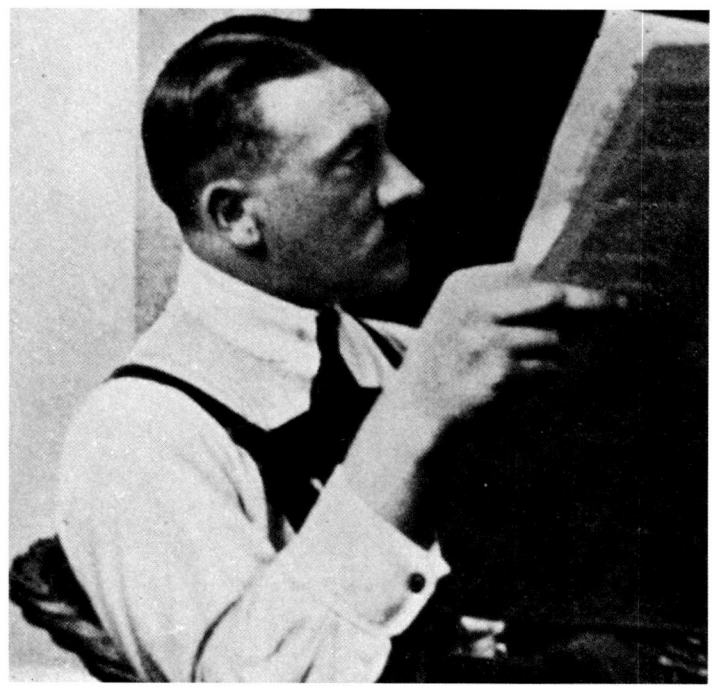

**Linke Seite oben: Garten der Festung Landsberg.
Linke Seite unten: Hitler als Häftling in Landsberg.
Rechte Seite oben: Hitler kurz nach seiner Entlassung aus der Festung Landsberg am 20. 12. 1924.
Rechte Seite Mitte: Hitler ernennt Goebbels anläßlich eines Besuches der Hattinger Ortsgruppe zum Gauleiter von Berlin.**

Redeverbot

Hitler hatte es nicht eilig mit dem ersten Auftritt nach seiner Entlassung. Zwei Monate ließ er verstreichen. Die Nervosität unter Gegnern wie auch unter seinen Rivalen stieg. Am 26. Februar 1925 erschien erstmals wieder der Völkische Beobachter. Am 27. Februar 1925 betrat Hitler den Ort des mißglückten Putsches. Im Bürgerbräukeller schritt er zur Neugründung der NSDAP. In einem überfüllten Saal feierten die Anhänger den Heimkehrer wie einen Triumphator. Alle Streitigkeiten waren vergessen. Er und nur er galt als ihr „Führer".

Seine Rede ließ jedoch mehr Verfassungsfeindlichkeit verlauten, als der bayrische Ministerpräsident Held glaubte durchgehen lassen zu können. Schon am 9. 3. 1925 erließ die bayrische Regierung gegen Hitler ein Redeverbot, das danach auch in Preußen, Baden, Sachsen, Hamburg und Oldenburg ausgesprochen wurde.

Hitler ließ sich nicht aus der Ruhe bringen. Geschickt verkündete er, daß er ab sofort nur noch legale Mittel anwenden wolle, um die Macht zu erringen. Im übrigen ließ er die Zeit des Redeverbotes nicht ungenutzt verstreichen. Er disziplinierte seine Partei.

Wer ihm nicht gehorchte, wurde ausgestoßen oder entmachtet. Den Vorschlag des thüringischen Gauleiters Dinter, ihm einen Senat zur Seite zu stellen, der seine Macht zügele, lehnte er ab und ließ den Antragsteller aus der Partei ausschließen. Das Gespann Gregor Strasser, Josef Goebbels, das in Norddeutschland erfolgreich agierte, wurde ihm zu stark und ließ sich kaum noch zügeln. Josef Goebbels wurde ihm zu aufsässig. Da ernannte er ihn zum Gauleiter von Berlin. Plötzlich entstand eine Rivalität zwischen den beiden einflußstarken Unterführern. Die Gefahr für Hitler war gebannt. Zu den ausgeschalteten Konkurrenten seiner Macht zählten u. a. Ulrich Graf, Röhm, Drexler, Kriebel, Feder. So besehen war auch die Reichspräsidentenwahl vom 26. 4. 1925 für ihn ein Erfolg. Sein Kandidat von Ludendorff erhielt weniger als 1 % der Stimmen. Damit war er endgültig aus dem Rennen.

Aber da drohte noch von einer anderen Seite Gefahr für seinen weiteren Aufstieg. Die Weimarer Demokratie hatte in der Mitte der zwanziger Jahre eine gewisse Konsolidierungsphase erreicht. Die Inflation war gebändigt. Ein neues Reparationsabkommen, der Kellogpakt, die Aufnahme Deutschlands in den Völkerbund, das Vertrauensverhältnis zwischen dem französischen und dem deutschen Außenminister (Stresemann und Briand) hatten zu einer Stabilisierung der Nachkriegssituation geführt. Die Wirtschaft war mit Hilfe von amerikanischen Krediten modernisiert worden. 1928 lag das Volkseinkommen 12% über dem von 1913. Im selben Maße, wie es dem deutschen Volke wieder besser ging, litt die Partei unter einer Flaute. So mancher Parteigenosse resignierte. Die Partei befand sich in einem kläglichen Zustand. Auch die sächsische und die bayrische Regierung hatten diesen Eindruck und kamen deshalb zu der Überzeugung, daß sie Hitler nicht mehr zu fürchten brauchten. Im Frühjahr 1927 hoben sie das Redeverbot für ihn auf.

Darauf hatte Hitler gewartet.

Am 20. Mai 1928 wurde ein neuer Reichstag gewählt. Die NSDAP erhielt 2,6% der Stimmen und zog mit 12 Abgeordneten in den Reichstag ein. Ein eher bescheidener Lohn für Hitlers unermüdliche Rednertätigkeit. Vielleicht war es einer der erstaunlichsten Willensakte Hitlers, daß er nun durchhielt. Der Tod Stresemanns Anfang Oktober 1929 leitete den neuen Aufstieg der Partei ein. Hitler hatte ihn als „Erfüllungspolitiker" abqualifiziert. Er hinterließ ein unvollendetes Werk, an dessen Ende die mit friedlichen Mitteln erreichte Entschärfung des Versailler Diktates stehen sollte. Auf der Haager Konferenz (August 1929) erreichte er die Zusage der Siegermächte, daß nach Annahme des Youngplanes das Rheinland geräumt werden solle. Für dieses Entgegenkommen hatte das Reich Zahlungsverpflichtungen übernommen, deren erste Rate schon nicht verfügbar war. Das Ende dieser Zahlungen war für 1988 vorgesehen.

Am 9. Juli 1929 hatte sich eine nationale Gruppierung unter Geheimrat Hugenberg zu einem Reichsausschuß für ein Volksbegehren gegen den Youngplan konstituiert. Dem trat die NSDAP bei.

Der „schwarze Freitag" am 24. Oktober 1929

Dieser Schritt fand nicht nur die Zustimmung weiter Kreise im deutschen Volk, er erschloß auch Geldmittel und Anerkennung für die NSDAP im gemäßigten bürgerlichen Lager. Die Wahlerfolge des Jahres 1929 ließen aufhorchen. Auch das äußere Bild der Partei änderte sich. Das sogenannte „Braune Haus" in der Brienner Straße Münchens wurde gekauft. Hitler erhielt ein repräsentatives Arbeitszimmer.

Das Zusammengehen Hitlers mit dem stockkonservativen Hugenberg war nur von kurzer Dauer. Als sich die Wahlerfolge steigerten, die Spenden aus der Industrie reichlicher flossen, kündigte Hitler dieses Zweckbündnis auf. Die Wahlveranstaltungen der NSDAP gingen nun wie ein Trommelfeuer auf das Land nieder. Vor den sächsischen Landtagswahlen im Juni 1930 hielt die Partei 1300 Wahlkundgebungen ab. Der nun einsetzende steile Anstieg nationalsozialistischer Stimmanteile ist jedoch damit allein nicht zu erklären. Es kam eine andere Ursache hinzu. Mit Beginn des Jahres 1929 hatte die Weltwirtschaftskrise eingesetzt. Sie trieb die deutsche Arbeitslosigkeit über die Dreimillionengrenze hinaus. Das entscheidende Ereignis dieses Jahres war jedoch der 24. Oktober, der berühmt berüchtigte „Schwarze Freitag." Die New Yorker Börse war zusammengebrochen, die deutsche Wirtschaft in den Sog dieses Strudels geraten. Die Aktienkurse verfielen. Es folgten Betriebsstillegungen, Pfändungen, Zwangsversteigerungen. Im September 1930 überstieg die Zahl der Arbeitslosen die Dreimillionengrenze. Im Winter 1931/32 wurden 6 Millionen Arbeitslose gezählt. Jede zweite Familie war unmittelbar betroffen. Bis zu 20 Millionen Deutsche waren auf Arbeitslosenunterstützung angewiesen, die, wie sich der amerikanische Journalist Knickerbocker damals ausdrückte, in gewissem Sinn zum Leben aus-

Oben: Geheimrat Alfred Hugenberg in Zivil auf der linken Bildhälfte.
Unten: NS Anhänger wird von einem Polizisten abgeführt, als es vorher gelegentlich einer Kundgebung zu Unruhen gekommen war.

Kundgebung der NSDAP im Bürgerbräukeller München 1929.

reichte, weil der Empfänger 10 Jahre braucht, um damit zu verhungern.

Wer mit seiner Familie Hunger leidet, hält nach Rettung Ausschau. Hitler versprach diese Rettung. „Für Arbeit und Brot", so hieß das meistgebrauchte Schlagwort der Hitlerpropaganda dieser Zeit.

Solange Hitler mit seinen antisemitischen, antikapitalistischen und antikommunistischen Parolen durch das Land zog, war das Interesse der Deutschen gering. Die Demütigung durch das Versailler Diktat hatte jedoch unverheilte Wunden hinterlassen. Stresemanns geduldige Friedensarbeit ließ die Deutschen aber wieder hoffen. Als jedoch mit der Weltwirtschaftskrise der Hunger hinzukam, änderte sich die Szene.

Bis zum Oktober 1929 blieb der Stimmenanteil der NSDAP unter 5%, um sich dann, immer noch zögernd, der Zahl anzunähern, die der Arbeitslosenquote entspricht. Erst im Juli 1932 erreichte die NSDAP einen Stimmenanteil von 37%.

Wenn oft betont wird, das deutsche Volk habe das Ergebnis des ersten Weltkrieges nicht mit dem nötigen Realitätssinn hingenommen, so muß das doch sehr differenziert betrachtet werden.

Die nachfolgende Liste nationalsozialistischer Wahlerfolge ab 1925 bis zur Machtergreifung Hitlers (30. 1. 1933) spricht eine deutliche Sprache.

26. 2. 1925	Neugründung der NSDAP.
11. 3. 1925	Wahl des Reichspräsidenten: NSDAP (Ludendorff) erhält 1,06% der Stimmen.
30. 1. 1927	Wahl zum thüringischen Landtag: NSDAP 3,7%, 2 von 56 Sitzen
9. 10. 1927	Landtagswahl in Braunschweig: NSDAP 3,7%
28. 5. 1928	Reichstagswahlen: NSDAP 2,8%
12. 5. 1929	Landtagswahl in Sachsen: NSDAP 4,95%
23. 6. 1929	Landtagswahl in Mecklenburg Schwerin: NSDAP 4%
27. 10. 1929	Landtagswahl in Baden: NSDAP 6,98%
10. 11. 1929	Bürgerschaftswahl in Lübeck: NSDAP 8,1%
8. 12. 1929	Landtagswahl in Thüringen: NSDAP 11,31%
22. 6. 1930	Landtagswahl in Sachsen: NSDAP 14,4%
14. 9. 1930	Reichstagswahlen: NSDAP 18,2% Landtagswahlen in Braunschweig: NSDAP 22,2%
30. 11. 1930	Bürgerschaftswahl in Bremen: NSDAP 25,6%
3. 5. 1931	Landtagswahl in Oldenburg: NSDAP 37,2%
10. 4. 1932	NSDAP 36,68% (Reichspräsidentenwahl)
31. 7. 1932	Reichstagswahl: NSDAP 37%
6. 11. 1932	Reichstagswahl: NSDAP 31,1%
15. 1. 1933	Landtagswahl in Lippe: NSDAP erhält 9 von 21 Mandaten.

Machtübernahme

Als Hitler am 31. Juli 1932 37 % der abgegebenen gültigen Stimmen für sich verbuchte und im Reichstag die stärkste Fraktion bildete, war der Zeitpunkt gekommen, daß ihn der Reichspräsident von Hindenburg mit der Regierungsbildung beauftragen konnte. Der aber wollte nicht. Er bot ihm den Posten eines Vizekanzlers unter dem Reichskanzler von Papen an. Hitler lehnte ab, nachdem ihm das geforderte Kanzleramt verweigert worden war. Der einflußreiche Ratgeber Hindenburgs, General Kurt von Schleicher, wußte sehr wohl, was eine Beauftragung Hitlers bedeutet hätte. Hitler hatte nie einen Zweifel daran gelassen, daß er die Weimarer Demokratie verachtete und die Alleinherrschaft anstrebte. Die wollte Herr von Schleicher auch. Die Vorübungen hierzu hatte der von ihm lancierte Herr von Brüning mit seinen demokratisch nicht autorisierten Notverordnungen längst abgeleistet. Alleinherrschaft, die sollte nicht der Emporkömmling Hitler, sondern ein Adliger ausüben. Herr von Papen zum Beispiel oder – er selbst.

So kam es dann auch. Als aber die Nationalsozialisten bei der Reichstagswahl vom 6. 11. 1932 auf 31,1 % Stimmanteile absackten, sah Herr von Schleicher seine Stunde gekommen. Im Dezember 1932 löste er Herrn von Papen als Reichskanzler ab. Für die von ihm angestrebten Vollmachten suchte er die nötige Unterstützung. Er verhandelte mit den bürgerlichen Parteien und den Gewerkschaften. Aber das reichte nicht. Nun landete er einen Coup. Der Reichsorganisationsleiter der NSDAP, Gregor Strasser, galt als der schärfste Rivale seines Parteichefs. Mit ihm verhandelte er und schlug ihm eine Regierungsbeteiligung vor. Hitler sah sein Lebenswerk in Gefahr. Auf dem Höhepunkt dieser Krise wurde er krank, wollte sich das Leben nehmen, setzte sich durch. Strasser legte am 8. 12. 1932 alle seine Parteiämter nieder. Nun griff Herr von Papen erneut ein. Er schlug dem Reichspräsidenten Hitler als Reichskanzler vor, sich selbst als Vizekanzler und gewann die bürgerlichen Parteien unter der Führung des Herrn von Hugenberg für diesen Plan. Ist er erst einmal im Amt, so wird er sich schon mäßigen müssen. So glaubten sie.

Am 30. Januar 1933 ernannte der Reichspräsident von Hindenburg Hitler zum Reichskanzler. Hitler blieb jenem Grundsatz treu, den er nach seiner Freilassung aus der Festungshaft in Landsberg formuliert hatte: Von nun an werde ich die Macht mit legalen, also demokratischen Mitteln erlangen.

Noch war er der Kanzler einer Koalitionsregierung. Die Teilung seiner Macht am Kabinettstisch hebelte er an der Wahlurne aus. Schon kurz nach seiner Ernennung beraumte er Neuwahlen zum 5. März 1933 an. Die geniale Propaganda eines Josef Goebbels konnte sich nunmehr mit amtlicher Unterstützung über das Land ergießen. Das Wahlergebnis mit 43,9 % Stimmanteil für die Nationalsozialisten entsprach nicht ganz seinen Erwartungen. Noch immer benötigte er die Mithilfe der Herren von Papen und Hugenberg. Der Tag der deutschen Einheit, den Goebbels in der Garnisonskirche von Potsdam inszenierte, sollte weiterhelfen. An diesem Tage, dem 21. März 1933, bekam Hitler die Weihen des greisen Staatsoberhauptes. Sie wurden drei Tage später, am 24. März 1933, in praktische Politik umgesetzt. Hitler legte dem Reichstag das „Gesetz zur Behebung der Not von Volk und Reich", Ermächtigungsgesetz genannt, zur Abstimmung vor. Es wurde mit 2/3 Mehrheit, aber ohne die Stimmen der Sozialdemokraten angenommen.

Nun konnte Hitler regieren, ohne sich der Zustimmung des Reichstages vergewissern zu müssen.

Das genügte ihm jedoch nicht. Er benötigte die Zustimmung des ganzen Volkes. Die konnte er nur bekommen,

Hitler verläßt am 13. August 1932 das Palais des Reichspräsidenten. Den von Hindenburg angebotenen Posten eines Vizekanzlers unter v. Papen hatte er soeben abgelehnt.

wenn er sein Wahlversprechen einlöste: „Arbeit und Brot."

Reichsbankpräsident Hjalmar Schacht finanzierte mit seinen Mefowechseln, Hitler organisierte die Neubelebung der deutschen Wirtschaft. In erstaunlich kurzer Frist fingen die Schornsteine wieder an zu rauchen, lohnte sich wieder die Arbeit auf den Äckern. Die Zahl von 6 Millionen Arbeitslosen bei seiner Amtsübernahme schrumpfte atemberaubend schnell. Schon 1934 waren es nur noch 3 Millionen. Es mangelte bereits an Facharbeitern.

Die Zustimmung im Volke wuchs. Hitler wagte die ersten zögernden Schritte auf dem außenpolitischen Parkett. Es wurde ein Viermächtepakt zwischen England, Frankreich, Italien und Deutschland unterzeichnet. Rußland wurde hellhörig. Stalin, der seit 1929 in Sowjetrußland die Alleinherrschaft ausübte, hielt sich an Maximen, die Lenin formuliert hatte. Eine davon lautete, es sei die „Pflicht" der bolschewistischen Führung, die kapitalistischen Nationen dahin zu bringen, daß sie sich gegenseitig bis aufs Messer bekämpfen. Der nächste Krieg zwischen Deutschland und den Mächten der früheren Entente sei vorprogrammiert. Die Deutschen müßten, wenn sie überleben wollten, über kurz oder lang die Fesseln des Versailler Diktates abwerfen.

Lenin sollte Recht behalten. Der Viermächtepakt zwischen den vier europäischen Hauptmächten wurde nie ratifiziert. Am 20. Juli 1933 wurden die Konkordatsverhandlungen mit dem Vatikan zum Abschluß gebracht. Damit beruhigte Hitler die noch immer mißtrauischen Katholiken im Reich. Der von Stresemann abgeschlossene Nichtangriffsvertrag mit Rußland wurde verlängert. Die erste außenpolitische Entscheidung größerer Tragweite fiel bereits im Herbst dieses Jahres. Seit Anfang 1932 tagte in Genf die Abrüstungskonferenz. Deutschland saß mit am Konferenztisch. Die ehemaligen Siegermächte hatten jedoch nur ein beschränktes Mitspracherecht eingeräumt. Hitler verlangte Gleichberechtigung. Die Siegermächte stimmten unter dem Vorbehalte zu, daß Deutschland sich einer vierjährigen Bewährungsfrist unterwerfen solle. Diese diskriminierende Forderung beantwortete Hitler mit dem Austritt Deutschlands aus dem Völkerbund.

Wieder bediente sich Hitler der Wahlurne als Regierungsinstrument. Am 12. November 1933 rief er die Deutschen zu einer Reichstagswahl auf. Sie sollten mit ihrer Stimme seine außenpolitische Entscheidung billigen. 92% der abgegebenen Stimmen bekundeten Zustimmung. Kunstvoll hatte er eine vergleichsweise unwichtige außenpolitische Entscheidung seinen innenpolitischen Absichten dienstbar gemacht. Der Reichstag existierte zwar weiter, aber nur als Dekoration.

Noch immer faßte Hitler die Außenpolitik nur mit Fingerspitzen an. Absolute Mehrheit im Reichstag, Zustimmung für seine Politik im Volke, wirtschaftliche Gesundung. Dies alles genügte ihm nicht, solange es noch in der eigenen Partei brodelte.

Die „alten Kämpfer" begehrten auf. Sie hatten gekämpft und gesiegt. Nun forderten sie den Lohn.

Am deutlichsten war diese Entwicklung in der SA zu beobachten. Ihr Führer, der ehemalige Hauptmann Röhm, strebte an, die SA zu bewaffnen. Die Reichswehr sollte sich mit deren militärischer Ausbildung begnügen. Eine Entmachtung der alten Offizierskaste also, deren oberster Repräsentant von Hindenburg hieß. In diesem Konflikt mußte sich Hitler dafür entscheiden, ob er an alter deutscher Soldatentradition preußischer Prägung festhalten wollte, oder ob er seinem revolutionär gesinnten SA-Führer den Vorzug geben wollte. Es wird behauptet, er habe sich deshalb gegen Röhm entschieden, weil er sich mit Hilfe der hervorragend ausgebildeten und trainierten Reichswehr den schnelleren Aufbau einer schlagkräftigen Heeresmacht erhoffte. Das eigenwillige Auftreten Röhms dürfte jedoch den Ausschlag gegeben haben. Hitler duldete keine Opposition.

Oben: Hindenburg und ihm zur Seite der „böhmische Gefreite", wie Hitler vor dessen Ernennung zum Reichskanzler von Hindenburg im engsten Kreis oft tituliert wurde.
Unten links: Hitler bei der Maiansprache 1934.
Unten rechts: SA-Führer Ernst Röhm.

Röhmputsch

Röhm ließ die Parole „Zweite Revolution" umlaufen. Die Bewaffnung der SA ging weit über das Maß dessen hinaus, was man noch aus der „Kampfzeit" kannte. Ein Wortwechsel zwischen Hitler und Röhm, sie duzten sich, führte nicht zu dessen Unterwerfung. Ob Röhm tatsächlich einen Putsch beabsichtigte, läßt sich bisher nicht klären. Mit Sicherheit halfen Konservative nach, die Stimmung aufzuheizen ... Am 30. Juni 1934 griff Hitler blitzartig zu. Röhm und seine wichtigsten SA Führer wurden verhaftet und kurz darauf erschossen. Gleichzeitig ließ Hitler Gregor Strasser, von Schleicher und von Kahr erschießen.

Damit hatte sich die innenpolitische Szene entscheidend verändert. Alten Parteigenossen war verdeutlicht worden, daß sie keine alten Rechte einklagen können. Die Konservativen, soweit sie durch diese Aktion nicht für Hitler gewonnen worden waren, hielten von nun an still.
Der greise Hindenburg telegrafierte an Hitler:
„Sie haben das deutsche Volk aus einer schweren Gefahr gerettet."

Die Kompetenzen der SA wurden beschnitten, die SS Hitler direkt unterstellt. Sie erhielt das Recht zugestanden, bewaffnete Streitkräfte zunächst in Stärke einer Division aufzustellen. Damit wurde die Waffen SS begründet, damals SS Verfügungstruppe (VT) genannt. Die Frontverbände der Waffen SS wurden ab 1939 dem Heer unterstellt. Viele Gliederungen der Partei wurden bestätigt, neu aufgestellt oder geplant, deren Aufgaben unklar definiert waren, so daß Kompetenzen sich überschnitten, sie zueinander in Konkurrenz treten mußten: BDM, HJ, Jungvolk, Arbeitsdienst, Arbeitsfront usw. Sie alle, wie auch Reichswehr, SA, SS, Waffen SS usw. sollten sich gegenseitig in Schach halten. Über dieser verwirrenden Fülle von Interessen, Kompetenzen und Aufgaben regierte nur ein Wille. Der hieß Adolf Hitler. In seiner Hand wurde das Chaos gebündelt.

Mit der Erschießung Röhms hatte Hitler den Gipfel der Macht erklommen. Niemand konnte ihn mehr daran hindern, zu tun was er wollte.

Oben: 30. Januar 1933. Hitler mit dem neuen Kabinett. Sitzend v.l.n.r.: Göring, Hitler, von Papen; stehend v.l.n.r.: Schwerin, Kwosigk, Dr. Frick, von Blomberg, Hugenberg.
Unten: Hitler am 8. September 1931 in Gera v.l.n.r. Himmler, Röhm, Hitler, Dr. Frick.

Rechte Seite oben: Letzter Besuch Hitlers bei Hindenburg vor dessen Tode am 2. August 1934.
Rechte Seite unten: Letzte Aufnahme einer Versammlung der NSDAP mit Gregor Strasser als Teilnehmer. V.l.n.r. Gregor Strasser, Hitler, Dr. Frick.

Der Tod Hindenburgs

Nach dem 30. Juni 1934 stand noch einer über Hitler: der Reichspräsident von Hindenburg. Es sieht fast so aus, als hätte sich der Gefreite des 1. Weltkrieges zur Erringung der absoluten Macht diesen Zeitpunkt ausgesucht. Hindenburg starb am 2. August 1934, also einen Monat nach Röhms Tod. Wäre Hindenburg vor Röhm gestorben, so hätte die deutsche Geschichte einen anderen Verlauf genommen. So aber konnte Hitler den Tag X in aller Ruhe vorbereiten. Die Beerdigung Hindenburgs wurde feierlich zelebriert. Aber während die Ehrenwachen noch um den Sarg des toten Feldmarschalls standen, fand hinter den Kulissen ein viel wichtigeres Ereignis statt. Hitler eignete sich die Machtbefugnisse des Verstorbenen an.

Bis zum Tode Hindenburgs hielt Hitler sich an die Spielregeln der Weimarer Demokratie. Zwar setzte er das demokratische Wechselspiel zwischen Regierung und Opposition außer Kraft. Um dies zu erreichen, bedurfte es jedoch für ihn keiner Änderung der Verfassung. Seine und seines Propagandaministers Überredungskunst sowie wirtschaftliche Erfolge, die sich sehen lassen konnten, reichten aus. Nun aber erließ er ein Gesetz „Über das Oberhaupt des Deutschen Reiches", in dem die Vereinigung der Ämter des Reichspräsidenten mit dem des Reichskanzlers geregelt wurde. „Führer und Reichskanzler" hieß der neue Titel Hitlers.

Dieses Gesetz verdiente seinen Namen nicht. In Wirklichkeit handelte es sich um eine Verfassungsänderung.

Die Weimarer Demokratie, bis dahin dem Namen nach unangetastet, war außer Kraft gesetzt.

Wieder wurde das deutsche Volk an die Wahlurnen gerufen. Volksbefragung nannte sich das. 90% der Wähler stimmten am 19. 8. 1934 für das „Gesetz".

Die alte Verfassung war außer Kraft gesetzt, eine neue wurde nicht gegeben. Hitler regierte ohne Verfassung. Die hätte, wie sie auch ausgesehen haben mochte, seine Macht eingeschränkt. Auch die wichtigste Frage im Gesetzeswerk eines Staatswesens, nämlich die der Nachfolgeregelung, blieb unbeantwortet. Zwar holte Hitler das später nach. Da sie aber von ihm jederzeit widerrufen werden konnte, blieb die Ungewißheit bestehen.

Von nun an galt Hitlers Machtanspruch uneingeschränkt bis zu seinem Tode. Weil danach aber kein neues Machtgefüge bereitstand, das Staatswesen darin aufzufangen, drohte nach ihm das Chaos. Deshalb

sagte Hitler wiederholt, er müsse „das Ziel" noch zu seinen Lebzeiten erreichen. Welches Ziel? Niemand wußte es.

Folgerichtig sank Hitlers Interesse an Wahlen, nachdem Hindenburg gestorben war. Zu erwähnen wäre nur noch die Saarabstimmung vom 31. 1. 1935 und die Reichstagswahl vom 29. 3. 1936 (Rheinlandbesetzung vom 7. 3. 1936).

Links Mitte: Eröffnung einer Teilstrecke der Reichsautobahn (Salzburg-München).
Links unten: Eintopfessen mit Hitler.
Rechts oben: Hitler spricht beim Neujahrsempfang mit dem Französischen Botschafter Francois Poncet.
Rechts unten: Hitler im Sommer 1935 an der Mangfallbrücke (Autobahn München-Landesgrenze).

Rechte Seite oben: Einmarsch deutscher Truppen über die Mainzer Rheinbrücke am 7. März 1936.
Rechte Seite unten: Hitler empfängt Sir John Simon, den britischen Außenminister, zusammen mit Antony Eden. V.l.n.r.: Eden, Simon, Hitler, der deutsche Außenminister von Neurath, von Ribbentrop.
Thema: Das deutsch-britische Flottenabkommen.

Flottenabkommen mit England

Innenpolitisch stand Hitler auf der Höhe seiner Macht, außenpolitisch hingen jedoch immer noch einige unzerschnittene Fesseln um den deutschen Staatskörper, die ihm das Versailler Diktat angelegt hatte. Die Voraussetzungen zu deren Beseitigung waren günstig. Der englische Kriegspremier Lloyd George hatte schon bei der Formulierung des Versailler Dokuments versucht, mäßigend auf die Rachepolitiker einzuwirken. Damit blieb er einem alten Prinzip englischer Politik treu, das politische Gleichgewicht auf dem Kontinent zu wahren. Was damals im ersten Siegesrausch mißlungen war, das mußte nun nachgeholt werden. Dies erschien umso dringlicher, weil Frankreich nach englischen Vorstellungen ein zu großes Stück aus dem Siegeskuchen herausgeschnitten hatte. Die Besetzung des Rheinlandes Anfang 1923 durch die Franzosen gemahnte ein wenig an Napoleon.

Ein erster Schritt zur Wiederherstellung des erwünschten Gleichgewichtes war die Hinnahme der deutschen Wiederbewaffnung. Hitler verkündete am 16. 3. 1935 die Wiedereinführung der allgemeinen Wehrpflicht. Kaum hatte Frankreich sich daran gewöhnt, daß es mit seinem östlichen Nachbarn wieder zu rechnen habe, sorgte Hitler für die nächste Überraschung. Er unterzeichnete mit England ein Flottenabkommen, in welchem beide Vertragspartner das Verhältnis ihrer Flottenstärke zueinander festlegten. Wenn die englische Flottenstärke bei 100 lag, so sollte die der Deutschen nicht über 35 hinaus anwachsen. Dieser Vertrag wurde am 18. Juni 1935 unterzeichnet, dem Jahrestag, an welchem 120 Jahre zuvor die vereinigten britischen und preußischen Truppen Napoleon bei Waterloo besiegt hatten.

Hitler träumte bereits davon, daß er der Verwirklichung seiner Lieblingsidee nähergerückt sei: Freundschaftspakt zwischen den beiden germanischen Nationen England und Deutschland. Noch bis zum Ende des 2. Welt-

krieges jagte er dieser Illusion nach. Was aber war in Wirklichkeit geschehen? Weder das Gleichgewicht der Kräfte auf dem Kontinent noch die Dominanz Englands auf den Weltmeeren war in Frage gestellt worden; Grundforderungen englischer Außenpolitik seit Jahrhunderten.

Die vorübergehende Trübung der englisch-französischen Freundschaft bedeutete wenig angesichts der immer enger werdenden Bindung Englands an die Vereinigten Staaten von Nordamerika.

England hatte nicht übersehen, daß sich Deutschland unter Hitler anschickte, die drückenden Lasten des Versailler Diktats abzuwerfen, seine wirtschaftliche Kraft zu entfalten. Sie überstieg die Englands bei weitem. Deshalb würde England niemals tatenlos mitansehen, daß Deutschland seine natürliche Stärke noch einmal zurückgewann.

So besehen war der Flottenvertrag für England nicht mehr als ein Zwischenspiel – um Zeit zu gewinnen – für die Aufrüstung.

Immerhin – Frankreich war brüskiert worden. Eine ernstliche Verstimmung zwischen dem Quai D'Orsay und dem Foreign Office war die Folge.

Der italienische Regierungschef Mussolini erkannte die Gunst der Stunde und fiel in Abbessinien ein. Dieses Abenteuer mußte insbesondere den Engländern Mißvergnügen bereiten, lag doch der wichtige britische Flottenstützpunkt Aden nicht weit vom Kaiserreich Haile Selassis entfernt.

Nun war Hitler an der Reihe, mit dem nächsten Manöver zu beginnen. Nach anfänglichem Zögern ließ er Mussolini wissen, daß er ihn unterstütze. Am 7. 3. 1936 kündigte er den Locarnovertrag und besetzte die entmilitarisierte Zone des Rheinlandes. Damals besaß Deutschland nur wenige Divisionen, Frankreich hingegen konnte dem ein Mehrfaches entgegensetzen. Ein Kräftemessen zwischen den beiden hätte für Deutschland mit einer Niederlage enden müssen. Aber nichts geschah.

Rechts: Parteitag 1935 Hitler mit Göring
Links unten: Wahlkundgebung in Frankfurt am Main am 14. 3. 1936.
Rechts unten: Erntedankfest auf dem Bückeberg 1935

Bilder oben: Reichskabinettsitzung 18. Dezember 1935. Hitler liebte solche Veranstaltungen nicht, da er alleine entscheiden wollte. Sie wurden später immer seltener und fielen schließlich ganz aus.

Gleichgewicht in Europa

Die nun folgende Serie außenpolitischer Erfolge Hitlers war unter ganz bestimmten Voraussetzungen Wirklichkeit geworden. Da muß in erster Linie die von Hitler errungene innenpolitische Machtfülle erwähnt werden. Kein deutscher Politiker konnte jemals so ungebunden über alle innen- und außenpolitischen Möglichkeiten verfügen wie er. Nach dem Tode Röhms und von Hindenburgs konnte er blitzartig auf Chancen reagieren, wenn sich solche boten, während seine Konkurrenten immer zunächst das innenpolitische Feld bestellen mußten, bevor sie handelten. Eine mindestens ebenso wichtige Voraussetzung war aber auch das Stillhalten Englands. Solange England die Befreiungsschläge Hitlers hinnahm, unternahm auch Frankreich nichts. Italien war froh, wenn es das Abbessinienabenteuer ungestört überdauern konnte und beschränkte seine europapolitische Machtentfaltung nur auf die Bewahrung seiner Kriegsbeute aus dem ersten Weltkrieg: Südtirol. England nahm Hitlers Machtanstieg hin, wünschte dies sogar herbei, aber nur bis zu einem ganz bestimmten Pegelstand. Der hieß: Gleichgewicht auf dem Kontinent.

Hitlers Lieblingsidee sah anders aus. Bereits in seinem Buche „Mein Kampf" hatte er das formuliert: Deutschland dominiert auf dem Kontinent, England beherrscht die Weltmeere (rules the waves). Bis zum letzten Kriegstage suchte Hitler seinen Frieden, besser, sein Bündnis mit England. Dabei übersah er, daß sein Bündnisverlangen auf falschen Voraussetzungen beruhte. England würde nie zugeben, daß eine Macht auf dem Kontinent vorherrscht. Aber vorerst war es ja nicht soweit. Deutschland leckte noch an seinen Wunden von Versailles. Frankreich war die vorherrschende Macht. Das mußte geändert werden. So dachte man damals im Foreign Office.

Geschickt nutzte Hitler diese Situation aus. Das Flottenabkommen mit England in der Tasche, er verwechselte es vielleicht gar zu sehr mit einem Bündnispakt, segelte er unbeirrbar nur noch den Erfolgskurs. Am 4. 8. 1936 wurde in Deutschland die zweijährige Wehrdienstzeit eingeführt.

Auf dem 8. Reichsparteitag der NSDAP in Nürnberg vom 8. bis zum 14. 9. 1936 sagte Hitler dem Bolschewismus den Kampf an. Am gleichen Ort und zur gleichen Zeit verkündete er aber auch den Vierjahresplan, die Verwandtschaft seiner sozialrevolutionären Ideen mit denen Stalins offenbarend.

Vorher, vom 1. bis zum 16. 8. 1936, hatten die XXI. Olympischen Sommerspiele in Berlin stattgefunden, wo der neuen Machtentfaltung Deutschlands Glanz aufgesetzt wurde. Inzwischen war Hitler seinem ideologischen Verwandten Mussolini nähergekommen. Wenngleich der Faschismus Italiens und der Nationalsozialismus Deutschlands nur das auftrumpfende Gehabe gemeinsam hatten, dort herrschte Monarchie, hier regierte eine sozialrevolutionäre Diktatur, verkündeten sie am 25. 10. 1936 die Achse Rom-Berlin.

Italien hatte den britischen Löwen an der Mähne gezupft. Abessinien brachte Kosten und viel Ärger. Das ehemals österreichische Südtirol bereitete noch immer Bauchschmerzen. Hitler bot im einen Fall Rückendeckung, und was Südtirol anlangte, da konnte er vielleicht eine dauerhafte Regelung anbieten.

Hitler bot. Er dachte an Österreich. Vom Obersalzberg aus gesehen, wo er den italienischen Außenminister empfangen hatte, konnte man ins Salzburgische Land blicken. Südtirol? Er war bereit, diesen Kaufpreis zu entrichten. England? Es wurde hellhörig. Wollte Hitler damit beginnen, Lebensraum im Osten zu erobern, Österreich als erste Etappe, oder sollte man ihn gewähren lassen, damit ein weiterer Mißgriff der Männer von Versailles aus der Welt geschafft würde?

Das Jahr 1937 nutzte Hitler zur wirtschaftlichen Erstarkung Deutschlands. Auch die Rüstungsindustrie lief auf vollen Touren. Mit England war Hitler hingegen keinen Schritt weitergekommen. Trotz heftigen Werbens war kein weiteres Abkommen in Sicht. Ob die Brüskierung Churchills nachwirkte, die ihm Hitler im Jahre 1932 zugefügt hatte? Damals hatte er seine Einladung zum Abendessen im Hotel Regina in München mit nichtigem Vorwand abgelehnt. Wohl kaum. Die englische Regierung spürte, daß sich im europäischen Gleichgewicht eine Änderung anbahnte.

Vielleicht war Hitler mit seinem außenpolitischen Debüt bereits hier an einem Scheideweg angelangt.

Bilder unten: Besuch der Kriegsmarine mit Hitler, Göring und Raeder am 28. August 1935.

Reichsparteitag September 1936; von oben links nach unten links: Große Parade vor Adolf Hitler, Blutfahne, Wehrmachtsvorführung, Hitler am Balkon des „Deutschen Hofes".
Von oben rechts nach unten rechts: Hitler nimmt die große Parade ab, Italienische Gäste, Hitler verläßt die Zeppelinwiese.

Winterolympiade in Garmisch-Partenkirchen, Eisstadion Februar 1936.

Einmarsch in Österreich

Hitlers Botschafter von Ribbentrop hatte sich in London vergeblich um eine Verbesserung der deutsch-englischen Beziehungen bemüht. Es wurde immer deutlicher, daß England sich dem um so energischer widersetzte, je mehr Deutschland erstarkte. Um so auffälliger rückte England mit den Vereinigten Staaten von Nordamerika zusammen. Letztere umwarben das kommunistische Moskau. Der militärische Beistandspakt Moskau, Paris, Prag vom 16. 5. 1935 schloß den Kreis. Es zeichnete sich die Möglichkeit einer tödlichen Einkreisung ab.

Roosevelts sogenannte Quarantänerede, die er am 5. Oktober 1937 in Chicago hielt, machte das ganze Ausmaß drohender Gefahren deutlich. Deutschland, Italien und Japan wurden, wie Roosevelt verkündet hatte, unter Quarantäne gestellt.

Hitler tat so, als befände er sich immer noch auf dem einzig richtigen Weg zum Ausgleich mit England. In Wirklichkeit hielt er nur die italienische Karte in der Hand. Am 5. 11. 1937 rief er in der Berliner Reichskanzlei seine politischen und militärischen Mitarbeiter im engsten Kreise zusammen. Da es sich um Geheimnisse höchsten Grades handelte, die Hitler bei dieser Gelegenheit mit dem Reichsaußenminister von Neurath, Kriegsminister von Blomberg, Göring und den führenden Militärs besprach, gibt es nur ein Gedächtnisprotokoll, das der Wehrmachtsadjutant Oberst Hoßbach nachträglich abfaßte. Danach erklärte Hitler, daß er Österreich und später die Tschechoslowakei zu besetzen gedenke. Über die Glaubwürdigkeit dieses Protokolls gibt es auch heute noch kontroverse Ansichten.

Dirk Kunert schreibt hierzu auf S. 231 u.a.: „Was auch immer Hitler seinen Zuhörern am 5. November 1937 anläßlich der Konferenz in der Reichskanzlei gesagt ha-

Mitte: Hitler trifft 1934 in Venedig mit Mussolini zusammen.
Unten: Hitler im Gespräch mit dem Führer der englischen Schwarzhemden Oswald Mosley (links auf dem Bild).

ben mochte, seine Ausführungen hatten unter den Teilnehmern keine Schockreaktion ausgelöst."
Weiter unten führt er dann aus:
„Aber sie waren weit davon entfernt, den Eindruck gewonnen zu haben, daß Hitler in einem Ausbruch martialischen Überschwangs seine Streitkräfte in Bewegung setzen werde."

Von Neurath, von Blomberg und von Fritsch sollen hierbei jedoch auf den ungenügenden Stand deutscher Aufrüstung hingewiesen haben.

Es ist auffällig, daß gerade diese Herren am 4. 2. 1938 entlassen wurden. Hitler übernahm das Amt des Kriegsministers, der gefügige von Ribbentrop wurde Reichsaußenminister, eine weitere Machtkonzentration in der Hand Hitlers also. Von Ribbentrop war an der Aufgabe gescheitert, als deutscher Botschafter in London einen Bündnispakt mit England zustande zu bringen. Von ihm waren keine Widerstände gegen Hitlers Österreichpläne zu erwarten, bestimmt aber auch keine neuen Impulse in der Englandpolitik.

Damit niemand auf die Idee kommen konnte, daß es jemals wieder ein selbstverantwortlich handelndes Kriegsministerium geben könne, bildete Hitler ein Oberkommando der Wehrmacht, das der Führung des späteren Generalfeldmarschalls Keitel unterstellt wurde.

Nachdem das diplomatische Geschäft mit Rom zum Abschluß gebracht worden war, Österreich gegen Südtirol, schritt Hitler zur Tat. Er empfing den österreichischen Bundeskanzler von Schuschnigg auf dem Berghof, um ihm zu sagen, daß er die österreichischen Nationalsozialisten gewähren lassen solle. Sie beherrschten inzwischen die innenpolitische Szene in Wien. Schuschnigg versuchte Hitler zu verdeutlichen, daß Österreich unter seiner Führung loyal zu Deutschland stehen würde. Vergebens! Der immer noch zögernde Hitler wurde nun von den Ereignissen überrannt. Göring hatte die österreichischen Nationalsozialisten aufgeputscht. Sie demonstrierten auf den Straßen Wiens und besetzten schließlich das Bundeskanzleramt. Schuschnigg gab über den Rundfunk seinen Rücktritt bekannt.

„Der Reichsmarschall (Göring) ist in Krisenzeiten brutal und eiskalt", sagte Hitler später einmal, als er auf diese Vorgänge zu sprechen kam. Am 11. März 1938 überschritten deutsche Truppen die österreichische Grenze. Hitler erschien in Braunau am Inn, seiner Geburtsstadt. Unbeschreiblicher Jubel begleitete seinen Weg nach Linz, wo er die Jugendzeit verbracht hatte. Hier traf er auch mit seinem Jugendfreund Kubizek zusammen, den er zwar sehr freundlich begrüßte, ihn sich aber dadurch vom Leib hielt, daß er das vertraute Du von ehemals vergaß.

In Linz übernachtete er. Als Jubel und Ovationen vor seinem Hotel auch am späten Abend kein Ende nehmen wollten, ließ er bekanntgeben, daß er nun schlafen möchte. Totenstille trat ein. Als die auch am nächsten Morgen anhielt, reagierte der in seiner Eitelkeit gekränkte Hitler beleidigt. Sein Adjutant sinnierte: „Wie alle Schauspieler braucht er den Applaus." Später auf dem Wiener Heldenplatz meldete er vor der Geschichte den Eintritt seiner Heimat in das Deutsche Reich. Hunderttausende Zuhörer waren außer sich vor Begeisterung. Hitler hatte die Großdeutsche Lösung erzwungen, ohne Südtirol allerdings. Sein großes Vorbild Bismarck hatte diesen Schritt, unter anderen Voraussetzungen allerdings, nicht gewagt. War das Spektakel, Einmarsch deutscher Truppen in Österreich, wirklich nötig gewesen? Innenpolitisch war die Machtübernahme in Wien doch längst erfolgt. So belastete Hitler sein Konto ohne Not, aber außenpolitisch rührte sich dennoch nichts. England schwieg. Frankreich schwieg. Der Völkerbund raffte sich noch nicht einmal zu einer Stellungnahme auf. War der Pegelstand Hitlerschen Machtanstieges noch nicht erreicht, bei dem ein Überschwappen der Flut befürchtet werden mußte? Hitler hatte eine Grenze überschritten, wenn auch eine großdeutsche. Wußte er

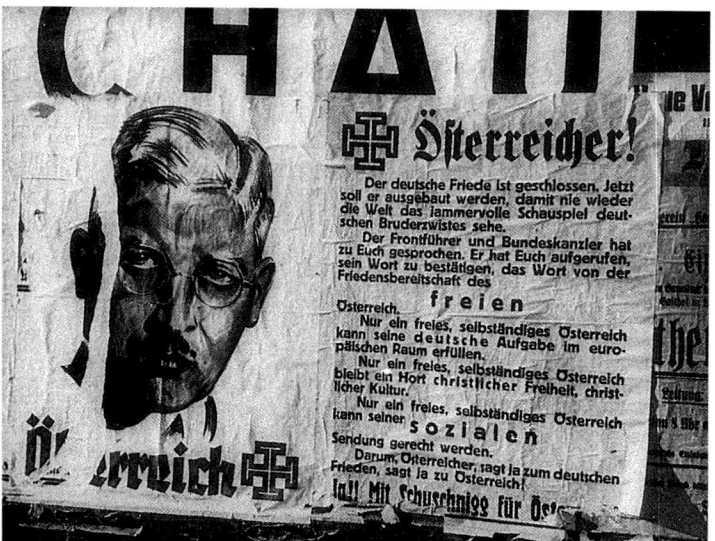

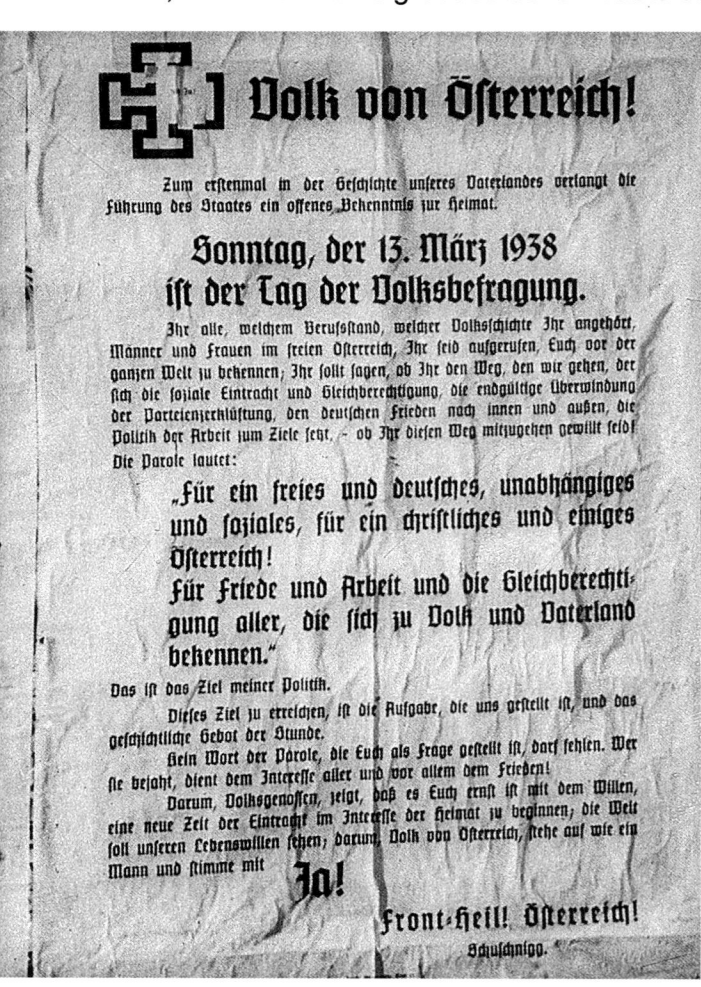

eigentlich, daß es eine Grenze geben würde, die er nicht mehr überschreiten dürfte?
Dirk Kunert breitet eine Fülle von Primärquellen aus, die deutlich machen sollen, daß er es wußte.

So meint er, daß Hitler sehr wohl die Risiken des deutschen Wiederaufstieges kannte. Er wollte kriegerischen Verwicklungen ausweichen. Er schreibt auf S. 232: „Als er schließlich zum Schlag ausholte, reagierte er auf eine Kette von Ereignissen, zu der ursächlich der österreichische Kanzler Schuschnigg den Anlaß gegeben hatte."

Oben links: Hitler in St. Pölten, März 1938.
Oben rechts: Wien erwartet Hitler, März 1938.
Unten: Hitler in Wien am 15. März 1938.

Sudetenkrise

Die neue Grenzlinie umfaßte einen weiteren Nachfolgestaat der Habsburger Monarchie, die Tschechoslowakei. Umgeben von unzugänglichen Gebirgszügen hatte das alte Königreich Böhmen mit dem Heiligen Römischen Reich Deutscher Nation vereint gelebt. Es herrschten wechselnde Abhängigkeitsverhältnisse. Die Zusammengehörigkeit war aber nie ernsthaft in Frage gestellt worden. Wie sollte sie auch. Beide zusammen bilden das Herzland Europas. Offenheit nach allen Windrichtungen bei voller Wahrung der eigenen Kultur. Hier war sie verwirklicht worden.

So war auch Jahrhunderte lang nie ein sonderliches Augenmerk darauf gerichtet worden, daß die Randgebiete des tschechischen Siedlungsgebietes von Deutschen bewohnt wurden. Tschechen und Deutsche lebten gutnachbarlich neben- und miteinander. Erst als die französische Revolution Nationalitäten entdeckte, wurde das anders. Nun auf einmal sah man Unterschiede in Sprache, Kultur und Gebräuchen. Es entstand ein Konkurrenzdenken, das schließlich in Abneigung ausartete. Nach dem verlorenen ersten Weltkrieg fühlten sich die Sudetendeutschen von den Tschechen unterdrückt. Die Ereignisse in Österreich ließen Hoffnungen aufkeimen. Es bildete sich eine Sudetendeutsche Partei unter ihrem Führer Konrad Henlein.

Da nach dem Einmarsch deutscher Truppen in Österreich fast das gesamte tschechische Staatsgebiet von der deutschen Grenze umgeben war, entstanden Ängste bei den Tschechen.
Diesmal mußte es Schwierigkeiten geben. Eine Lösung der sudetendeutschen Frage veränderte das politische Gleichgewicht in Mitteleuropa. Hitler jedoch drängte, wie es das Hoßbach-Protokoll vorausgesagt hatte. Er schien entschlossen, va banque zu spielen, obgleich das militärische Kräfteverhältnis keine Abenteuer erlaubte. Eine Lösung der sudetendeutschen Frage mit Waffengewalt hätte bedeutet, daß 100 französische Divisionen gegen 12 deutsche angetreten wären.

Bei der Skizzierung der „Sudetenkrise" sollte auch eine andere Betrachtungsweise zu Wort kommen, die mit dem Grundtenor des Hoßbach-Protokolls nicht übereinstimmt. Hitler habe bei seiner Entscheidung hinsichtlich der Tschechoslowakei unter Zwang gehandelt. Die durch Benesch provozierte „Maikrise" des Jahres 1938 habe die Geschehnisse in Gang gesetzt. Die Tschechoslowakei hatte am 20. Mai 1938 Teile ihrer Streitkräfte mobil gemacht. Diese Maßnahme wurde durch England und Frankreich ausdrücklich gebilligt. In dieser Situation beunruhigte es Hitler jedoch am meisten, daß auch die Sowjetunion ihre Beistandserklärung abgab. Deren Verwirklichung hätte bedeutet, daß die Tschechoslowakei in einen Flugzeugträger Rußlands verwandelt worden wäre, der im Herzen Europas vor Anker ging. (Siehe hierzu auch D. Kunert S. 232)

In dieser Situation gab es eine Verschwörergruppe hoher deutscher Offiziere meist aus Adelskreisen, die mit dem Ausland verhandelten. Sie wollten England und Frankreich dazu überreden, diesmal nicht nachzugeben, damit den Deutschen ein Krieg erspart bliebe, der zwangsläufig mit einer Niederlage enden müsse. Ein Tag X wurde festgelegt, an welchem losgeschlagen werden sollte, obgleich die Westmächte wenig Zutrauen in dieses gefährliche Spiel hatten. Als die Spannung auf ihren Höhepunkt angelangt war, kam die überraschende Wende.

Mussolini schlug auf Betreiben Englands ein Zusammentreffen der Regierungschefs Großbritanniens, Frankreichs, Italiens und Deutschlands in München vor. Nachdem Chamberlains Besuche auf dem Obersalzberg am 16. 9. 1938 und in Bad Godesberg vom 22. bis zum 24. 9. 1938 keine Einigung zwischen den beiden Staatsmännern gebracht hatte, bot sich nun eine letzte Möglichkeit. Hitler forderte ganz Böhmen. Er erhielt aber nur dessen Randgebiete, eben die Siedlungsräume der Sudetendeutschen. Am 29. 9. 1938 kam Hitler mit Daladier, dem Ministerpräsidenten von Frankreich, Chamberlain, dem Premier von Großbritannien, und Mussolini, dem italienischen Regierungschef und Verbündeten Hitlers in München zusammen. Es kam das berühmte „Münchner Abkommen" zustande, wonach die Tschechoslowakei aufgefordert wurde, ihre Randgebiete, also das deutsch besiedelte Sudetenland an Deutschland abzutreten.

Die Verschwörer gegen Hitler waren desavouiert. Er trat vor die Deutschen und die ganze Welt als der große Sieger. Am 1. 10. 1938 marschierten deutsche Truppen unter dem Jubel der dortigen Bevölkerung in das Sudetenland ein.

Zwei Enttäuschungen gab es an diesem Tage. Einmal die der Verschwörer. Ihnen war für die nächsten Jahre der Mut genommen worden, sich gegen Hitler aufzulehnen, und die Hitlers. Später äußerte er, daß er am Tage von München einen schweren Fehler begangen habe. Er hätte, so meinte er, darauf bestehen müssen, auch in Prag einzumarschieren. Hatte er übersehen, daß er mit dem Erreichen an der Grenze dessen angelangt war, was die Westmächte glaubten hinnehmen zu können? Oder meinte er, daß er nicht ausgepokert habe? Daß sie diesmal noch, aber danach nie mehr verhandlungsbereit gewesen wären?
Jedenfalls wurde am 9. 11. 1938 ihre Gesprächsbereitschaft nicht gefördert. Was war geschehen?

Ansprache Hitlers zum Tag der Kunst 1938 in München.

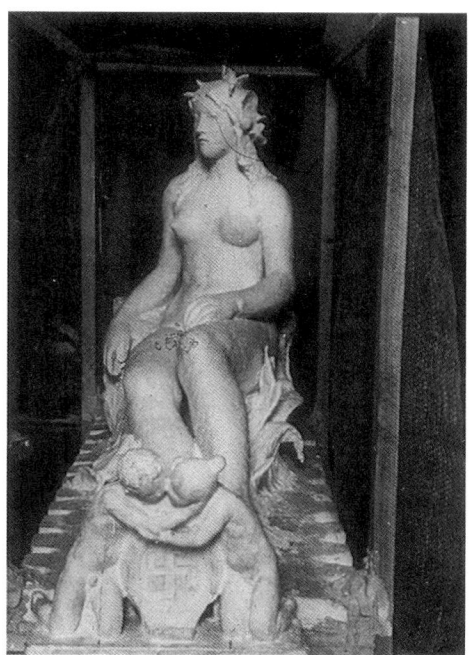

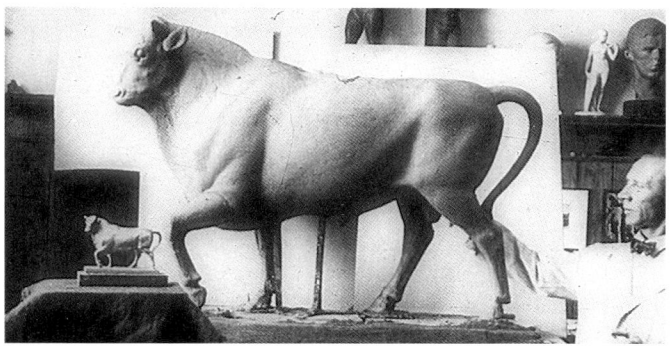

Vorbereitungsarbeiten zum Festzug am Tag der Kunst im Sommer 1938 in München.

Oben: Luftschutzübung in München am 28. Juli 1938; Marienplatz und Kaufingerstraße mittags 11 Uhr menschenleer.

Mitte links: Luftschiff Graf Zeppelin über München. 14. 9. 1938.

Mitte rechts: Der englische Premierminister Neville Chamberlain kommt am Münchner Flughafen an. (29. 9. 1938)

Linke Seite unten: Der französische Ministerpräsident Daladier wird in München empfangen. 29. 9. 1938.

Rechte Seite oben rechts: Chamberlain während einer Sitzungspause in München.

Rechte Seite oben links: Daladier während einer Sitzungspause in München.

Unten: Chamberlain bei seiner Ankunft in England. Er schwenkt das Münchner Papier in der Luft und sagt: „Der Frieden ist gerettet".

Oben: Mussolini unterzeichnet das Münchner Abkommen. 30. September 1938.

Mitte links: Hitler lacht.

Mitte rechts: Oberst Lindberg (USA), der den Atlantik als erster überflog, am 28. Juli 1936 bei Göring.

Unten: Hitler im Flugzeug.

„Reichskristallnacht"

Der jüdische Emigrant Grünspan ermordete den deutschen Legationsrat Ernst von Rath in der deutschen Botschaft von Paris. Diese Nachricht sorgte in der deutschen Öffentlichkeit für erhebliche Aufregung. Goebbels entfesselte in Presse und Rundfunk eine Hetzkampagne gegen die Juden. Als er annahm, daß der „Volkszorn" Siedehitze erreicht habe, inszenierte er „spontane Kundgebungen" in der Nacht vom 9. zum 10. November 1938. Im gesamten Reichsgebiet kam es zu Ausschreitungen gegen jüdische Kultstätten, Friedhöfe und Geschäfte. Viele Synagogen brannten, Tausende von Geschäften wurden zerstört. Eine Sondersteuer in Höhe von 1 Milliarde Mark wurde den Juden kollektiv auferlegt. Zeitweilige Einlieferungen in Konzentrationslager sollten die Juden zur Auswanderung drängen.

Es ging damals die Mär um, Goebbels habe diese Terrortrupps ohne Wissen Hitlers zusammengestellt und eingesetzt. Aus heutiger Sicht klingt das wenig glaubhaft. Hitlers Judenhaß ging offensichtlich soweit, daß er sich zu Taten hinreißen ließ, die dem deutschen Volk schweren Schaden zufügen mußten. In Deutschland gab es traditionsgemäß, wenn überhaupt, nur einen lauen Antisemitismus. Wien, wegen seiner besonderen geographischen Lage, vielleicht ausgenommen.

Das Pogrom in der Nacht vom 9. zum 11. November 1938 geschah ohne Wissen und Wollen des deutschen Volkes. Es lehnte eine Kollektivverantwortung des jüdischen Volkes für die Tat des Herrn Grünspan ab. Jetzt offenbarte sich der Grad absoluter Machtausübung Hitlers. Obgleich die Masse des Volkes über die klirrenden Scheiben und die gelegten Brände entsetzt war, konnte sich dieser Abscheu nicht mehr artikulieren.

Hitler wußte das. Deshalb ließ er die Mär verbreiten, er persönlich habe mit diesen Ausschreitungen nichts zu tun. Der 9. 11. 1938 offenbart die eigentliche Schwachstelle im politischen Konzept Hitlers: sein manisch übersteigerter Judenhaß. Das hinterließ tiefe Spuren auf seinem Weg. Jüdische Berater von Präsident Roosevelt sorgten schon 1933 dafür, daß Hitler in seinen Verhandlungen mit den USA „gegen eine Wand rannte", wie Kunert sich auf S. 148 ausdrückt. Ohne Not hatte Hitler sich die mächtigen Vereinigten Staaten von Nordamerika zum unversöhnlichen Gegner gemacht.

Der jüdische Arzt von Hitlers Mutter, Clara, Dr. Eduard Bloch, übergibt am 16. November 1938, also 7 Tage nach den Ereignissen des 9. November 1938, deren Krankengeschichte einer deutschen Dienststelle zu treuen Händen.

Damit hatte England seinen Bundesgenossen. Das Konzept Stalins stimmte. Er brauchte nur abzuwarten, bis sich die „Kapitalisten" in die Haare gerieten. Wenn die sich dann gegenseitig ausreichend geschwächt hätten, konnte er, so lautete sein Plan, Beute machen.

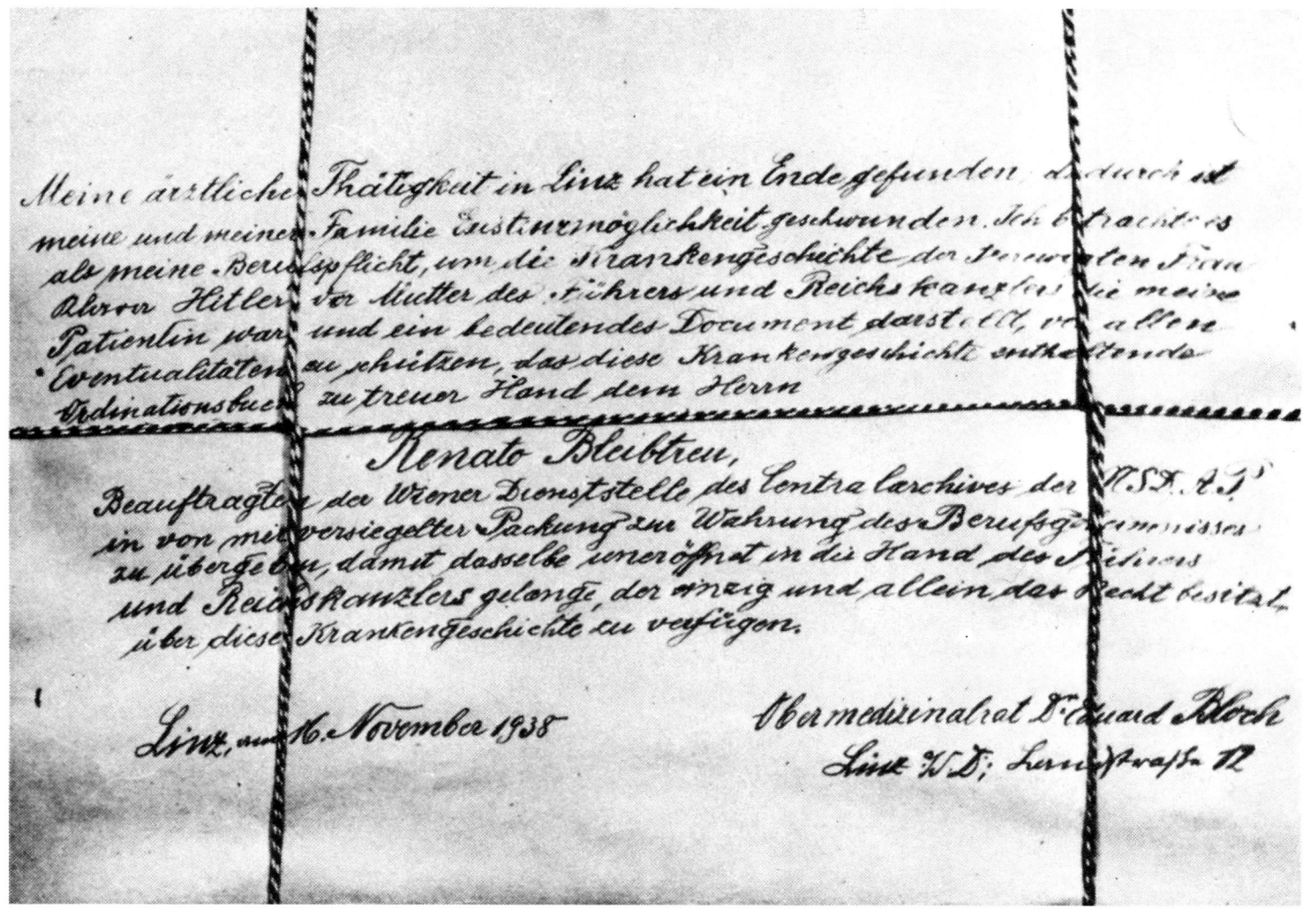

Das nächste Mal – Blutvergießen

Hitler hatte den „unabänderlichen Entschluß" gefaßt, Böhmen dem Reich einzuverleiben. Dieser Entschluß hatte schon vor dem Abschluß des „Münchner Abkommens" von ihm Besitz ergriffen. Ein Ablassen davon oder auch nur eine Meinungsänderung kommt in Hitlers Lebensweg nicht vor. Deswegen klagte er später darüber, daß er in München die Karten nicht ausgereizt habe. Nun mußte er sich mit Gewalt holen, was er, nach seiner Meinung, mit Tinte hätte haben können.

Er wußte sehr genau, daß erneutes Verhandeln mit den Westmächten wegen Prag sinnlos wäre, versprach den Polen, Ungarn und Slowaken Appetitbrocken, damit er sie zum Stillhalten veranlaßte. Eine Blitzaktion konnte es deshalb nicht werden. Was sich der polnische Außenminister Oberst Beck an Wissen über die geplante Aktion im Februar 1938 vom Berghof abgeholt hatte, das wußte man im Foreign Office auch. Dort fing man an zu rechnen. Überschritt der Machtanstieg Hitlers mit der zu erwartenden Einnahme Prags jenen Pegelstand, der ein Überfluten der Dämme ankündigen könne? War das Gleichgewicht der Mächte auf dem Kontinent in Gefahr? Für den weiteren Fortgang der Ereignisse dürfte es auch bedeutsam gewesen sein, daß Hitler ein bestimmtes Dossier des englischen Außenministers Eden kannte. Es handelte sich um eine Dokumentensammlung über „die deutsche Gefahr". Graf Ciano hatte sie ihm am 20. 11. 1937, also nach der Konferenz vom 5. 11. 1937 in der Reichskanzlei, zugespielt. (Kunert S. 214) Hieraus ging hervor, daß England Hitler gegenüber auf Zeitgewinn aus war, um aufrüsten zu können. Wenn überhaupt, wollte es aus einer Position der Stärke mit Hitler verhandeln und die Politik des Appeasement Deutschland gegenüber beenden, sowie es sich hierzu stark genug wußte.

Sah sich Hitler gezwungen, rechtzeitig zu handeln, ehe es zu spät war? Stimmt Dirk Kunerts Annahme, daß Hitler in den letzten Jahren vor Kriegsausbruch viel öfter reagierte als daß er agierte? (Kunert S. 232) Am 13. März 1939 zitierte Hitler den tschechoslowakischen Staatspräsidenten Hacha nach Berlin. Ihm wurde ein Papier zur Unterschrift vorgelegt, in welchem vom Reichsprotektorat Böhmen und Mähren die Rede war und auch davon, daß die tschechische Armee zu entwaffnen sei. Hacha verschanzte sich zunächst dahinter, daß er für einen solch weitreichenden Entschluß die Zustimmung seiner Prager Regierungsorgane benötige. Hitler setzte seinen Kontrahenten jedoch derart unter Druck, daß er einen Schwächeanfall bekam. Herbeigerufene Ärzte halfen Hacha wieder auf die Beine. Er unterschrieb.

Am 15. März 1939 marschierten deutsche Truppen in die Tschechoslowakei ein.

Am 16. März 1939 unterschrieb Hitler auf der Prager Burg den „Erlaß über das Protektorat Böhmen und Mähren". Die Tschechoslowakei hatte aufgehört zu existieren. Zum Reichsprotektor wurde Konstantin Freiherr von Neurath ernannt, der frühere Reichsaußenminister.

Während der Vorbereitungen zum Einmarsch in Böhmen, wobei es zu innerdeutschen Truppenbewegungen kam, verschloß mancher Deutsche, sofern er davon Wind bekam, Fenster und Türen. Der Friedenskanzler wird uns doch keinen Krieg bescheren? So dachte die breite Mehrheit der Bevölkerung. Aber wer hätte in Deutschland derartige Gedanken artikulieren können? Presse, Rundfunk, jede Art von Veröffentlichung unterstanden der Aufsicht von Josef Goebbels. Hitlers absolute Machtausübung war nicht mehr aufzuhalten.

Hitler wußte das, ebenso wie der britische Außenminister Lord Halifax. Er sagte nach dem Einmarsch deutscher Truppen in Prag: „… das nächste Mal werde er (Hitler) gezwungen werden, Blut zu vergießen."

Es fällt schwer, diesen Ausspruch nur als Warnung zu verstehen, eher als Ankündigung. „Das nächste Mal" muß nicht heißen, daß Hitler seinen Frieden behält, wenn er sich ab sofort mit dem status quo begnügt. Es kann auch so ausgelegt werden: Wir suchen uns „das nächste Mal" schon aus, und wenn wir es selbst provozieren.

England war durch die Prager Aktion aufs Äußerste gereizt.

Ausbruch des zweiten Weltkrieges

Nur eine Woche später, am 23. 3. 1939 marschierte die deutsche Wehrmacht ins Memelgebiet ein. Die Litauer hatten diesen Gebietsstreifen nach dem 1. Weltkrieg widerrechtlich annektiert. Dort lebten Deutsche, die sich nie damit abgefunden hatten, litauische Oberherrschaft ertragen zu müssen. Im Dezember 1938 hatten die Memeldeutschen mit 87 % der Stimmen einen entscheidenden Wahlsieg errungen. Deshalb gab die litauische Regierung dieses Gebiet am 22. 3. 1939 an Deutschland zurück. Der am nächsten Tag erfolgende deutsche Einmarsch erzeugte deshalb keine internationalen Spannungen. Aufmerksamkeit schon. Die Alarmglocken schrillten allerdings, als Hitler am 21. 3. 1939 Polen den Vorschlag unterbreitete, einen solchen vom 24. 10. 1938 wiederholend, Danzig an das Reich zurückzugeben. Es solle außerdem eine exterritoriale Auto- und Eisenbahn durch den Korridor gewähren und als Gegenleistung eine langfristige Garantie der deutsch-polnischen Grenze erhalten. Nun war die Zeit für England gekommen. Schon am 31. März 1939 gab Chamberlain mit Billigung Polens im Namen Englands und Frankreichs eine Beistandserklärung für Polen ab, die sie verpflichtete, mit allen Mitteln sofort einzugreifen, falls die polnische Unabhängigkeit bedroht würde.

Nun wurde offensichtlich, was Lord Halifax kurz zuvor bereits angedeutet hatte. England sah die Gefahr, daß Deutschland auf dem Kontinent zur Übermacht aufsteigen könnte. Es entspricht einer Jahrhunderte alten Tradition englischer Politik, daß einer solchen Entwicklung mit allen Mitteln Einhalt geboten werden muß. Hitler wußte das. In diesen Tagen, als er darüber nachdachte, wie er der britischen Drohung begegnen könne, sagte er einmal: „Ich werde ihnen einen Teufelstrank brauen." Damit meinte er Rußland.

Als Ouverture seiner diplomatischen Offensive führte er im Juni 1939 Wirtschaftsverhandlungen mit der Sowjetunion. Vielleicht hoffte er, daß England dieses Signal verstehen und einlenken würde. England verstand und lenkte nicht ein.

Zwei Denkschulen standen einander gegenüber. Hitler glaubte, daß England ein deutsch-sowjetisches Bündnis fürchten und deshalb in letzter Minute zurückweichen werde. Die Polenkrise wird ein lokales Ereignis bleiben, so meinte er deshalb.

England hingegen bedachte die Pufferposition Polens zwischen Deutschland und der Sowjetunion.

Polen war eine Schöpfung der Väter des Versailler Diktates; diesmal aber eine solche, die Deutschland mehr Nutzen als Schaden brachte. Zwar war der Verlust alten

Oben links: Hitler schaute von der Prager Burg auf die Stadt. 15. März 1939.
Oben rechts: Hitler in Memel 23. 3. 1939

Linke Seite oben: Göring jagt in der Schorfheide mit Lord und Lady Londonderry, 3. 2. 1936. Der Flottenvertrag mit England war nun ein Jahr alt.
Linke Seite Mitte: Jagdbesuch Görings in Bialowiecza (Polen), Februar 1936. Auch nach Pilsudskis Tod im Mai 1935 gab es von deutscher Seite Bemühungen um Verständigung mit Polen.
Linke Seite unten: Der polnische Außenminister Oberst Beck besuchte Hitler im Januar 1938 in Berlin. (Vorbereitung des deutschen Einmarsches in Österreich)

deutschen Siedlungsgebietes mit wertvollen Weizenböden zu beklagen. Am schmerzlichsten war die Abtretung des sogenannten polnischen Korridors (zur Ostseeküste und nach Danzig nämlich) für die dort wohnende alteingesessene deutsche Bevölkerung. Sie hatten große Schwierigkeiten, sich unter polnischer Oberhoheit zu behaupten.

Diese Verluste wurden jedoch durch einen gewichtigen Vorteil mehr als aufgewogen. Solange ein starkes und lebensfähiges Polen zwischen der Sowjetunion und Deutschland lag, war die Möglichkeit eines Überraschungsangriffes Rußlands gegen Deutschland oder umgekehrt ausgeschlossen. Den Wert dieses Puffers erkannte Hitler erst, als er die wahre Stärke Rußlands zu spüren bekam.

In Verkennung dieser Tatsachen reizte Hitler seine Karten aus. England sah jedoch eine Möglichkeit, die Hitler nur ahnte: Zweifrontenkrieg.

Er unterschrieb am 23. 8. 1939 den berüchtigten Nichtangriffspakt mit Rußland, dessen geheimes Zusatzprotokoll inzwischen die Historiker immer intensiver beschäftigt. Im Gegenzug schlossen England und Polen am 25. 8. 1939 ein Bündnisabkommen, dessen Artikel I so lautet: „Sollte die eine der vertragschließenden Parteien mit einer europäischen Macht infolge eines Angriffs derselben in Feindseligkeiten verwickelt werden, so wird die andere vertragschließende Partei der in Feindseligkeiten verwickelten unverzüglich jede in ihrer Macht liegende Unterstützung und Hilfe gewähren."

Die Unterzeichner Lord Halifax, damals britischer Außenminister, und Graf Edward Raczynski, der polnische Botschafter in London, legten in einem geheimen Zusatzprotokoll fest: „Unter dem Ausdruck ‚eine europäische Macht', der in diesem Abkommen angewandt wird, soll Deutschland verstanden werden." (Hofer S. 198) Ein Angriff Rußlands gegen Polen hätte und hat demnach keine Bündnisverpflichtung ausgelöst.

Welch ein Weg von dem Vertrag, den Hitler am 26. 1. 1934 mit dem damaligen polnischen Staatschef Marschall Pilsudsk abgeschlossen hatte, bis zum August 1939!

Damals ein Nichtangriffspakt zwischen dem polnischen Nationalhelden und Hitler. Ob die Idee, Eroberung von Lebensraum im Osten eine Rolle, gespielt hatte – friedliche Eroberung nämlich, Handel und Wandel nach hüben und drüben? Die Geschichte hätte einen glücklicheren Verlauf genommen.

Am 1. September 1939 marschierten deutsche Truppen in Polen ein. „Ab heute wird zurückgeschossen", verkündete Hitler im Reichstag, auf die Ausschreitungen der Polen gegen Deutsche in ihrem Lande anspielend. Gemeint war insbesondere das schreckliche Massaker an Deutschen in Bromberg. Am 3. September 1939 stellte sich heraus, daß von einem „lokalen Ereignis" keine Rede sein konnte. In den frühen Morgenstunden dieses Tages überreichte der Chefdolmetscher Ribbentrops in Hitlers Berliner Amtszimmer das britische Ultimatum. „Was nun?" fragte der erstarrte Hitler seinen Außenminister. Großbritannien, Australien, Indien, Neuseeland und Frankreich erklärten Deutschland den Krieg.

Diese Kriegserklärung hatte, wenn überhaupt, nur wenig mit Polen und dessen Schutz zu tun. Die britische Sonntagszeitung „Sunday Correspondent" schrieb hierzu u.a. (FAZ v. 18. 9. 1989 S. 2, Stimmen der Anderen):

„Wir sind 1939 nicht in den Krieg eingetreten, um Deutschland vor Hitler oder die Juden vor Auschwitz oder den Kontinent vor dem Faschismus zu retten. Wie 1914 sind wir für den nicht weniger edlen Grund in den Krieg eingetreten, daß wir eine deutsche Vorherrschaft in Europa nicht akzeptieren konnten." Übrigens: Nicht Deutschland hat England den Krieg erklärt. Es war umgekehrt.

So schrieb der damalige amerikanische Botschafter in London P.S.F. Kennedy, Vater des späteren John F. Kennedy am 30. September 1939 seinem Präsidenten Roosevelt unter anderem: „Ungeachtet des entsetzlich furchtbaren Verhaltens der Nazis ist es sicher Tatsache, daß die Engländer nicht gegen Hitler, sondern gegen die Deutschen kämpfen, gerade so wie sie vor 25 Jahren gegen sie kämpften, weil 45 Millionen Briten, die die größte, weitest ausgedehnte Seeherrschaft der Welt kontrollieren, und 80 Millionen Deutsche, die Kontinentaleuropa beherrschen, nicht gelernt haben, miteinander im Frieden zu leben. Siehe Zeitschrift „Der Freiwillige", 36. Jahrgang, Heft 9, Seite 4 und 5. Sollte es wahr sein, wie einige Historiker behaupten, daß der britische Außenminister Lord Halifax am 3. September 1939 – also 2 Tage nach Ausbruch des Krieges – vor dem britischen Unterhaus folgendes erklärte: „Jetzt haben wir Hitler endlich den Krieg aufgezwungen, und er kann nicht mehr auf friedlichem Wege den Versailler Vertrag Stück für Stück zerreißen."

Am 28. 9. 1939 wurde nach der Niederwerfung Polens der deutsch-russische Grenz- und Freundschaftsvertrag abgeschlossen. Polen war von der Landkarte verschwunden. Die gemeinsame deutsch-russische Grenze verlief nunmehr mitten durch das ehemalige Polen. Rußland schluckte außerdem das Baltikum und Bessarabien. Von nun an geisterte der Angsttraum Zweifrontenkrieg über Hitlers Plänen. England hatte zwar Polen nicht gerettet, aber es hatte Deutschland strategisch in die Zange genommen.

Vorerst hieß das allerdings deutsch-russische Freundschaft. Stalin konnte nun in aller Ruhe zusehen, wie Deutschland und die Westmächte sich gegenseitig schwächten. Im richtigen Zeitpunkt würde er seine Beute greifen, wie übrigens die USA auch.

Die erste Etappe auf diesem für das deutsche Volk so leidvollen Weg wurde zurückgelegt, wie wenn man in einem stehenden Zug säße, an dessen Fenstern ein Schnellzug vorbeirast. Es entstand der Eindruck, als befände man sich in schneller Fahrt. Als die Täuschung beendet war und der eigene Zug schließlich an Fahrt gewann, merkte man zu spät, daß der Zug in die falsche Richtung fuhr.

Oben: Hitlers Einzug in Danzig. September 1939
Unten: Hitler besucht die kämpfende Truppe an der polnischen Front. Zweiter von rechts: der spätere Generalfeldmarschall von Keitel.

Vermeintliche Siege

Noch nicht einmal in den ersten Kriegstagen war in der deutschen Bevölkerung Begeisterung zu spüren. Die Männer eilten zu den Waffen, pflichtbewußt, aber mit ernsten Gesichtern. Hitler zog den feldgrauen Rock an und begab sich zu seinen Soldaten an die vorderste Front. Leichtsinn? Übermut? Oder suchte er den Heldentod? Nachdem Polen in noch nicht einmal 14 Tagen niedergerungen worden war, trafen sich deutsche und russische Soldaten an der neuen gemeinsamen Grenze. Hitler ließ in Deutschland die Siegesglocken läuten. In seinem Kopf mögen die merkwürdig schrill geklungen haben. Rußland hatte zwar die andere Hälfte Polens geschluckt, die Beistandserklärung Englands und Frankreichs ebenso brüskierend, wie Hitler dies nach Ansicht der Garantiemächte getan hatte, aber von einer Kriegserklärung war keine Rede. Die Westmächte verstärkten eher ihre diplomatischen Bemühungen, um mit Moskau besser ins Gespräch zu kommen. So besehen war der Sieg über Polen kein Erfolg, sondern er hatte einen übermächtigen Nachbarn das Tor nach Deutschland weit aufgerissen. Zunächst kam ein reger Handelsverkehr zwischen Rußland und Deutschland zustande. Es sah so aus, als könne Hitler sich beruhigt seinen Kriegsgegnern im Westen zuwenden. Aber er wußte, daß er diese neue Grenze mißtrauisch überwachen müsse. Hatte Hitler begriffen, daß er in Stalins Falle getappt war? Das erneute Friedensangebot an die Westmächte vom 6. 10. 1939 läßt darauf schließen, daß er wußte, welche Gefahren ihm drohten. Sein Friedensangebot wurde dadurch beantwortet, daß ihm auch Südafrika und Kanada den Krieg erklärten.

Am 30. 11. 1939 überfiel der russische Bär das kleine Finnland. Raffinierte Verteidigungsbauwerke in diesem wald- und seenreichen Land ließ das russische Millionenheer nicht zur Entfaltung kommen. Das kleine finnische Verteidigungskorps verteidigte sich so tapfer und geschickt, daß es zu einem Vertragsfrieden kam, der Finnland zwar Zugeständnisse abforderte, aber keine völlige Unterwerfung.

Dieser russische Winterfeldzug wurde damals in Deutschland mit großer Aufmerksamkeit beobachtet. Es ist anzunehmen, daß auch Hitler sowie seine militärischen Ratgeber sich zu dem Trugschluß verleiten ließen, die Kampfkraft der russischen Streitkräfte könne nicht allzu hoch veranschlagt werden. Entsprechend dürfte die Vertragstreue der Russen bezüglich des am 28. 9. 1939 abgeschlossenen Freundschafts- und Grenzvertrages eingeschätzt worden sein. Am 9. 4. 1940 besetzten deutsche Truppen Dänemark und Norwegen. Mit diesem gelungenen Überraschungsschlag kam Hitler den Engländern um Stunden zuvor.

Bereits am 10. 5. 1940 begann der deutsche Angriff im Westen. Auch diesen Angriffsplan wie der des vorhergehenden Feldzuges hatte Hitler persönlich bis in die letzten Einzelheiten nach einem Vorschlag des Generals von Manstein ausgearbeitet. Er leitete die Operationen. In den ersten Tagen sah es so aus, als wolle Hitler nach dem Schlieffenplan vorgehen: Luftlandeangriffe auf Fort Eben Email bei Lüttich. Dann erfolgte aber der Hauptstoß überraschend nicht in der Flanke durch Holland und Belgien, sondern in der Mitte. Dort wurde die Maginotlinie mit gewaltigen Schlägen durchbrochen und von hinten rechts und links aufgerollt. Bis zur Ausrufung des Waffenstillstandes am 22. 6. 1940 kamen die vereinigten französischen und englischen Truppen nicht mehr zum Stehen. Ein glänzender Waffenerfolg.

Nach Abschluß dieser Operationen sagte der Chef des Oberkommandos der Wehrmacht, Generaloberst Keitel: Hitler ist der größte Feldherr aller Zeiten.

Hitler verlangte, daß die Unterzeichnung des Waffenstillstandabkommens unter Umständen erfolgte, die an 1918 erinnern sollte. Zwar wurden die französischen Unterhändler nicht so schmählich behandelt, wie damals die deutschen Bevollmächtigten in Versailles. Hitler versäumte es jedoch, den tapferen Besiegten gegenüber jene großmütige Geste der Versöhnung zu machen, die den Franzosen 1918 sicherlich auch manche späteren Rückschläge erspart hätte.

Um so erstaunlicher mutet das Verhalten Hitlers gegenüber den besiegten Engländern an. 340000 Engländer ließ Hitler über die Kanalküste entkommen.

Hierzu sagte er später im kleinen Kreis:

„Die Armee ist das Rückgrat Englands und des Empires. Zerschlagen wir das Invasionskorps, geht das Empire zugrunde. Da wir sein Erbe weder antreten können noch wollen, müssen wir ihm die Chance lassen. Meine Generäle haben das ja nicht kapiert." (Schröder S. 105)

Hitler schenkte den Engländern 340000 Soldaten, als brauche er deren Kampkraft nie mehr zu fürchten. Oder spielte Hitler mit dem Gedanken, daß der Verhandlungsfrieden mit England in greifbare Nähe gerückt sei und das künftige Verhandlungsklima nicht beeinträchtigt werden dürfe?

Tatsächlich hörten die Versuche Hitlers, mit England ins Gespräch zu kommen, nicht auf. Friedensangebote an England und inoffizielle Kontaktaufnahmen in neutralen Ländern lösten einander ab. Das Unternehmen „Seelöwe", es sollte die Landung auf der englischen Insel werden, wurde geplant und dann wieder abgeblasen. Warum, wenn er vorher 340000 britische Soldaten auf die Insel zurückschickt, zwecks Neubewaffnung doch wohl?
Lauter Ungereimtheiten.

Warum hat er nicht die gleiche Mühe auf eine Aussöhnung mit den Franzosen verschwendet? Der französische Nationalheros Petain hätte das Einigungswerk vollbringen können. Frankreich an der Seite Deutschlands und nicht unter deutscher Oberhoheit. Ob England dem auf die Dauer hätte widerstehen können?

In diesem Zusammenhang muß erwähnt werden, daß französische Kriegsgefangene bereits ab 1940 entlas-

Oben: Hitler an der Lagekarte.
Unten: Hitler besucht an Bord eines Kriegsschiffes die norwegischen Fjorde.

sen wurden, daß in einem Restfrankreich den Franzosen eine bedingte Unabhängigkeit belassen wurde (Vichy Regierung) und daß die französische Flotte unangetastet blieb. Versöhnungsgesten, gewiß. Aber zu wenig, um Frankreich auf die deutsche Seite herüberzuziehen.

Es gibt ein Datum, an welchem all diese Gedankenspiele ein jähes Ende fanden. Am 10. 5. 1941 flog Hitlers Stellvertreter Rudolf Hess angeblich aus eigener Initiative nach England, um Hitlers Lieblingsplan zu verwirklichen: Frieden mit England. Seine Mission scheiterte. Hess wurde gefangengenommen, verhört, wenn man die Überbringung einer Friedensbotschaft so formulieren darf, und blieb Gefangener, bis er als 94jähriger unter zweifelhaften Umständen als der legendäre Häftling von Spandau ums Leben kam.

Nun wußte Hitler, was er bisher nicht hatte zur Kenntnis nehmen wollen: Der Frieden mit England muß erkämpft werden. Diese Erkenntnis hatte zur Folge, daß Hitler auch sein Konzept gegenüber Rußland neu überdenken mußte. Wird Rußland sein Wohlverhalten gegenüber Deutschland beibehalten? War auf den deutsch-russischen Freundschaftsvertrag vom 28. 9. 1939 Verlaß?

Der russische Regierungschef Molotow beseitigte am 12. und 13. 11. 1940 während seines Besuches in Berlin letzte Zweifel über die wahren Absichten Stalins. Seine Bedingungen lauteten: Einbeziehung Bulgariens in den Sicherheitsbereich der Sowjetunion, sowjetische Stützpunkte an der türkischen Meerenge und als Fernziele die Erweiterung dieses Sicherheitsbereiches auf Griechenland, Jugoslawien und Westpolen. Das hieß mit anderen Worten, daß Stalin zur gegebenen Zeit den Zweifrontenkrieg an der Seite der Westmächte gegen Deutschland eröffnen würde.

War der Machtverfall Hitlers seit Beginn des Polenkrieges noch durch Waffenerfolge überdeckt worden, so kündigte sich nun eine Konstellation an, die nach menschlichem Ermessen zum Untergang des Deutschen Reiches führen mußte. Vielleicht gab es damals noch einen Rechenfehler in Hitlers Beurteilung der durch die Forderungen Molotows neu entstandenen Lage. Der für Rußland jämmerliche Verlauf des Winterkrieges gegen Finnland, vielleicht eine Finte des verschlagenen Stalin, verführte zu einer Fehleinschätzung der wahren militärischen Stärke dieses riesigen euro-asiatischen Landes.

Hitler beauftragte den deutschen Generalstab mit der Vorbereitung des Rußlandfeldzuges. Es sollte und mußte ein Blitzkrieg werden. Er hoffte und glaubte vielleicht auch, Rußland in wenigen Monaten niederwerfen zu können. Der im Frühjahr 1941 geplante Angriff mußte auf den 22. Juni desselben Jahres verschoben werden, weil die mißlungenen Unternehmungen Mussolinis auf dem Balkan dessen militärische Unterstützung erzwang.

Die Diskussion darüber, ob Hitler am 22. Juni 1941 einen Angriffskrieg gegen Rußland eröffnet hat oder ob er einem zu erwartenden russischen Angriff zuvorkommen wollte, ist unter den Militärhistorikern schon seit längerer Zeit im Gang. Die Veröffentlichung des russischen Schriftstellers Victor Suworow „Der Eisbrecher" breitet eine beeindruckende Fülle von Material aus, die es als sehr wahrscheinlich erscheinen läßt, daß Hitler

Oben: Der russische Außenminister Molotow bei Reichsmarschall Göring. 13. November 1940
Unten: Straßensammlung des Kriegshilfswerkes.
Rechte Seite oben: Hitlers Arbeitsplatz in seinem Bunker des Führerhauptquartiers.
Rechte Seite unten: Italien erklärt den Westmächten an der Seite Deutschlands den Krieg. Aufmarsch vor dem italienischen Konsulat in München Königinstraße, 10. Juni 1940.

45

mit seinem Vorstoß in eine russische Bereitstellung zum Angriff gigantischen Ausmaßes hineingestoßen ist.

Suworows Darstellung verdeutlicht, daß Stalin Anfang Juli 1941 mit seiner Armee über die deutschen Autobahnen bis zum Atlantik rollen wollte. Tausende sogenannter Autobahnpanzer, eine Million Mann Luftlandetruppen und eine riesige Luftarmada standen ihm hierbei zur Verfügung.

Nachrückende Millionenarmeen sollten Resteuropa besetzen. Hitlers große Anfangserfolge seien nur so zu erklären, daß sich die Bereitstellung der russischen Angriffsarmeen am 22. Juni 1941 noch in einem Zustand heillosen Durcheinanders befunden habe. Vierzehn Tage später hätte das anders ausgesehen.

Stalin sei allerdings mehrfach vor dem Antreten der Armeen Hitlers gewarnt worden, zuletzt von Marschall Schukow. Er habe jedoch diese Warnungen in den Wind geschlagen, weil er sich nicht vorstellen konnte, daß Hitler mit der Eröffnung eines Zweifrontenkrieges den eigenen Untergang einleiten wollte.

Millionen gefangener Russen und riesige Beutezahlen an Panzern, Geschützen und sonstiger militärischer Ausrüstungsgegenstände sprechen für die Richtigkeit der Erkenntnisse Suworows.

Das Buch Suworows wird dafür sorgen, daß die Diskussion darüber, ob Hitler mit dem Überschreiten der russischen Grenze am 22. 6. 1941 Europa tatsächlich vor Stalin rettete, erneut entbrennt. Den Untergang des Deutschen Reiches konnte er zwar dadurch hinauszögern aber nicht abwenden. Es gibt ein Datum im Verlauf des Rußlandfeldzuges Hitlers, das Hitlers Träume über eine vermeintliche militärische Schwäche Rußlands beendigte.

Am 4. 8. 1941 besprach Hitler in Berditschew in Weißrußland die militärische Lage mit seinen Generälen. Das Ergebnis dieser Besprechung muß für ihn eine Enttäuschung gewesen sein, die seiner Siegeszuversicht, aber auch seiner Gesundheit arg zusetzte.

Am 22. 6. 1941 hatten deutsche Armeen mit 153 Divisionen, 2000 Flugzeugen, 3300 Panzern und 7200 Geschützen die russische Grenze überschritten. Diesen etwa 3 Millionen Mann deutscher Soldaten standen mindestens 5,3 Millionen russischer Kämpfer gegenüber. Hitler wußte, daß Rußland bis zu 12 Millionen Mann in der Reserve zur Verfügung hatte. Sein Angriffsziel konnte er nur dann als erreicht ansehen, wenn er in den ersten Wochen das russische Westheer vernichtete, um dann sofort in die Tiefe des russischen Raumes vorzustoßen. Nur so konnte verhindert werden, daß Rußland seine schier unerschöpflichen Reserven mobilisierte.

In Berditschew mußte sich Hitler von seinen Generälen sagen lassen, daß die Erreichung dieses Zieles verfehlt worden sei. Riesige Gefangenenzahlen, Beutezahlen, Geländegewinne, aber kein Nachlassen der russischen Kampfkraft. Im Gegensatz hierzu hatte das deutsche Ostheer bereits ein Viertel seiner Stärke an Toten, Verwundeten und Material eingebüßt.

Dieses Mißverhältnis zu ungunsten Deutschlands konnte nun nur noch von Monat zu Monat größer werden. Der Chef des deutschen Wehrmachtsführungsstabes, Generaloberst Jodl, sagte am 13. Mai 1945: „Früher als irgend ein Mensch in der Welt ahnte und wußte Hitler, daß der Krieg verloren war." Als Hitler von dieser Besprechung in sein Hauptquartier zurückkehrte, rumorte es in seinem Bauch. Lästiger Durchfall quälte ihn. Sausen und Brummen in den Ohren. Krampfartig auftretende Schmerzen in der linken Schläfe. Sein Leibarzt Prof. Dr. Morell bat seinen Patienten, die Hände auszustrecken. Sie zitterten.

Unter ähnlichen Beschwerden hatte Hitler immer dann gelitten, wenn er politische Krisen durchzustehen hatte. Zitternde Hände? Das hatte es bisher noch nicht gegeben. Schenck sagt hierzu in seinem Buche „Patient Hitler", daß Hitler in den Jahren 1938/39 auf der Höhe seiner Kraft gestanden habe. In den letzten zwei bis drei Kriegsjahren jedoch sei er ein schwerkranker Mann gewesen. Drei Krankheiten nennt er. Magen- und Darmbeschwerden, die sich in krampfartigen Schmerzen äußerten und zu Stuhlverstopfung oder Durchfall führen konnten. Eine Herzkrankheit (Coronarinsuffizienz), die in den letzten Kriegsjahren so akut wurde, daß sie jederzeit zum Infarkt und zum Tode hätte führen können, und schließlich die 1941 erstmalig beobachtete Parkinsonsche Krankheit, die im letzten Kriegsjahr so schlimme Formen annahm, daß Hitler sie auch mit krampfartigen Bemühungen des beschwerdefreien Armes nicht vor seinen Besuchern zu verbergen imstande war.

„Nach drei Jahren Krieg ist Hitler um 15 Jahre gealtert", sagte Göring einmal. Schlechte Nachrichten von der Front durchbebten Hitlers Körper mit Schüttelfrösten und Krämpfen. Damit nahm es nach jenem 4. August 1941 kein Ende mehr. Der Blitzkrieg in Rußland wollte nicht vorankommen. Die Doppelschlacht von Bialystok und Minsk hatte zwar das Gros des russischen Westheeres vernichtet. Dann aber kam ein wochenlanger Halt im Mittelabschnitt. Die Ausfälle an Menschen und Material waren zu groß. Erschöpfte deutsche Soldaten blickten in eine nicht enden wollende russische Weite, kämpften gegen die unaufhörlich in die Schlacht geworfenen russischen Reserven an. Als die ersten großen Kampfziele Moskau und Leningrad in Sicht kamen, es war noch Oktober, blieben die deutschen Panzer in Eis und Schnee stecken. Ein Jahrhundertwinter mit −52° C Frost gemahnte an den im russischen Winter gescheiterten Napoleon. Der hatte damals allerdings „nur" mit durchschnittlich −20° zu tun. Am 6. Dezember 1941 trat die Rote Armee mit frisch herangeführten sibirischen Kampftruppen zum Gegenangriff an. Den Zusammenbruch des deutschen Ostheeres vor Augen stemmte sich Hitler dem Angriff entgegen. Unter Einsatz der letzten Reserven und seines unbändigen Willens stabilisierte er noch einmal die Lage.

Am 6. Dezember 1941 sagt Hitler aber auch zu Jodl, daß der Krieg nicht mehr zu gewinnen sei. Herzjagen ängstigte ihn, Magenkrämpfe und immer wieder linksseitiges Zittern der Gliedmaßen. Herzkrank aber auch seine Generäle. Zu schwer lastete der Eindruck des nahenden Unterganges auf ihnen: Von Reichenau, Guderian, von Brauchitsch, sie müssen abgelöst werden. Von Bock leidet unter Magenkrämpfen, Generalluftzeugmeister Udet erschoß sich am 17. November 1941, weil er nicht mehr weiter wußte. Nun prasselte eine ganze Serie von Niederlagen auf Hitler ein und sollte sich bis zum Kriegsende unaufhörlich fortsetzen: Winterfeldzug 1941/42; Landung der Alliierten in Nordafrika am 8. 11.

Bilder oben: Herbst 1941 in Rußland. Die Truppe steht im Schlamm.
Mitte links: Winter in Rußland.
Mitte rechts: Dezember 1941; Deutsche Truppen 60km vor Moskau.

Linke Seite: Göring und Himmler im Führerhauptquartier. 20. 8. 1941

1942; Invasion der Alliierten am 6. 6. 1944. Eine deutsche Stadt nach der anderen versinkt unter dem Bombenterror der alliierten Bombengeschwader in Schutt und Asche. Ströme von Blut wurden an den Fronten vergossen, Berge von verbrannten oder erschlagenen Deutschen in den Städten. Hitler ertrug es nicht, dem Leid, das seine Befehle den Menschen zufügte, ins Auge zu sehen. Wenn er an Lazarettzügen vorbeifuhr, ließ er die Jalousien seines Wagenabteils zuziehen. Er lehnte es ab, verwundete Soldaten in den Lazaretten zu besuchen. Nie besichtigte er eine der vom Bombenterror heimgesuchten deutschen Städte.

Er zog sich vielmehr in die feuchten Betonwände seines fensterlosen Befehlsbunkers zurück. Von seinem Führerhauptquartier aus, das er oft wochenlang nicht verließ, widersetzte sich sein wachsender Starrsinn der Widrigkeit des Schicksals.

Je irrsinniger sein unbändiger Wille die Sprache der wirklichen Lage mißachtete, umso mönchischer seine Lebensführung. Kein Alkohol, vegetarische Kost, die er meist in Breiform zu sich nahm, ein primitives Feldbett. Nach dem Unglück von Stalingrad, das er nach eigenem Bekunden selbst verschuldet hatte, mied er auch die gemeinsame Tafel mit seinen Generälen, zerstritt sich mit ihnen, sofern er sie nicht zum Teufel jagte, wollte auch keine Schallplattenmusik mehr hören.

„Ich werde bis fünf Minuten nach zwölf kämpfen!", schleuderte er jenen entgegen, die auch nur leise andeuteten, man müsse den sinnlos gewordenen Kampf so oder so beenden. Als Feldmarschall Paulus nach einem heldenmütigen Kampf seiner Soldaten schließlich den aussichtslos gewordenen Widerstand aufgab und kapitulierte, sagte Hitler verächtlich: „Wie leicht hat er es sich gemacht. Der Mann hat sich totzuschießen, so wie früher Feldherren sich in das Schwert stürzten, wenn sie sahen, daß die Sache verloren war." Sah er selbst die „Sache" nicht längst als verloren? Da waren nicht nur die Niederlagen an allen Fronten. Unaufhörlich flatterten seinem Außenminister neue Kriegserklärungen auf den Tisch, jeder wollte zum Schluß das Siegesfest mitfeiern, auch Italien. Die ganze Welt, außer Japan, auf der Gegenseite.

Generalfeldmarschall Rommel forderte Hitler auf, den sinnlos gewordenen Kampf zu beenden. Er mußte sich erschießen. Sein Nachfolger Feldmarschall von Kluge schrieb am 18. August 1944 an Hitler:

„... zeigen Sie nun auch die Größe, einen aussichtslos gewordenen Kampf zu beenden." Auch er mußte sich erschießen.

Das Attentat

In dieser Zeit wurden von Goebbels zwei Propagandaformeln bevorzugt unter die Leute gebracht. Die eine hieß „Endsieg". Von Sieg wurde nicht mehr geredet. Täglich wurde das Führerhauptquartier und in frisierter Form anschließend das deutsche Volk von den Niederlagen an allen Fronten in Kenntnis gesetzt. Diese Kette von verlorenen Siegen, planmäßige Rückzüge genannt, würde am Ende in einem Sieg münden: in den Endsieg?

Die zweite Propagandaformel hieß „Wunderwaffe." Offiziell wurde von ihr nicht geredet. Echte Wunderwaffen hält man bis zu ihrer Anwendung geheim. Das hat den Vorteil, daß die Kampfmoral des Volkes aufrechterhalten werden konnte, ohne daß der Beweis einer begründeten Hoffnung angetreten werden mußte. Umso eifriger wurde hinter der vorgehaltenen Hand über die „Wunderwaffe" orakelt.

Damals gab es weder an der Front noch in der Heimat eine Kenntnis über die wahre Lage. Anders im engsten Zirkel um Hitler. Die alte Kameradschaft konservativer Offiziere regte sich. Sie glaubten handeln zu müssen, obgleich das Kriegsziel der Alliierten „bedingungslose Kapitulation" drohte. Am 20. Juli 1944 zündete Oberst Graf von Stauffenberg im Führerhauptquartier Wolfsschanze eine Bombe. Nur durch einen Zufall stand Hitler nicht an jener Stelle, wo ihn der Sprengsatz zerrissen hätte. Tote, Verwundete, aber Hitler nahezu unverletzt.

Hitler nahm grausame Rache an den Verschwörern, aber die Bombe auch an ihm. Bis zum Kriegsende hatte er sich von diesem Schock nicht mehr erholt. Zunächst tat er so, als habe dieses Erlebnis seiner Gesundheit nicht geschadet. Die Schüttellähmung war für einige Tage wie weggeblasen. Stunden danach empfing Hitler Mussolini und demonstrierte Gelassenheit und Gesundheit. Dann aber überkam es ihn umso schlimmer. Ende September 1944 wird er erstmalig bettlägrig. Nun wurde es deutlich. Das Attentat hatte ihn zutiefst getroffen. Er spürte, nun mußte er außer dem hoffnungslosen Kampf an allen Fronten auch noch den gegen den Widerstand im eigenen Volk aufnehmen.

Oben: Trauerfeier für den durch Freitod verstorbenen Generaloberst Udet. 21. November 1941. Er war ein hochdekorierter Weltkriegskamerad (1914 – 1918) Görings. Die verlorene Luftschlacht um England hatte ihn in den Tod getrieben.

Linke Seite: Hitler verleiht der berühmten Fliegerin Hanna Reitsch das eiserne Kreuz. September 1941.

Die Ardennenoffensive

Das deutsche Ostheer war zerschlagen. Russische Armeen stürmten in das nahezu offene deutsche Haus. Hitler jedoch kratzte seine letzten Reserven zusammen, um eine Offensive im Westen zu beginnen. Mit dreißig Divisionen wollte er einen Keil zwischen die englischen und amerikanischen Armeen treiben, um einen Sonderfrieden im Westen zu erzielen. Wollte er das wirklich? Dreißig Divisionen gegen eine solche Übermacht! Anfangserfolge konnten erzielt werden, aber nur solange schlechtes Wetter herrschte. Die erdrückende alliierte Luftüberlegenheit ließ auf dem Schlachtfeld keine Bewegung zu. Die Offensive blieb schließlich stecken. Er-

Auf einer Fahrt durch Ostpreußen (vor Kriegsausbruch) besucht Hitler eine Bauernfamilie.

gebnis: Der alliierte Vormarsch war zwar gebremst, aber nicht beendigt worden. Die Russen jedoch trieben das zerschlagene und um seine letzten Reserven beraubte Ostheer in Richtung Berlin.

War das vielleicht der geheime Sinn des letzten Aufbäumens in den Ardennen? Das deutsche Volk fürchtete die Grausamkeit der siegestrunkenen Russen. Deshalb wurde im Osten bis zur letzten Patrone gekämpft; und die wurde nicht selten für die Selbstentleibung aufgespart. Im Westen hingegen erwarteten die Deutschen eine menschlichere Behandlung durch die einrückenden Sieger. Sie zeigten weiße Fahnen an ihren Fenstern, soweit noch vorhanden, und freuten sich, daß sie dem mörderischen Krieg entronnen waren.

Weiße Fahnen? Als Hitler davon Wind bekam, sagte er: „Das deutsche Volk verdient, wenn es so feige und so schwach ist, nichts anderes als einen schmählichen Untergang."
Hitler hatte gesagt: „In diesem Kriege kämpfe ich bis fünf Minuten nach zwölf." Kapitulation? Nie!
Im Osten gab es keine weißen Fahnen. Dafür sorgte die russische Soldateska; und im Westen?
So beharrte Hitler auf der Alternative: Entweder bekomme ich meinen Verhandlungsfrieden mit dem Westen oder das deutsche Volk stirbt mit mir.
Der Selbsterhaltungstrieb des deutschen Volkes war stärker als Hitlers Todessehnsucht. Immer häufiger kam es im Westen vor, daß auch Kommandeure den sinnlos gewordenen Kampf beendigten. Aus diesem Grunde erließ Hitler die sogenannten „Nerobefehle".

Da hieß es:
„Die westdeutschen Invasionsgebiete sind sofort von sämtlichen Bewohnern zu räumen... Alle militärischen, Verkehrs-, Nachrichten-, Industrie- und Versorgungsanlagen, sowie Sachwerte innerhalb des Reichsgebietes, die sich der Feind zur Fortsetzung seines Kampfes irgendwie sofort oder in absehbarer Zeit nutzbar machen kann, sind zu zerstören."

Weiter hieß es: „... es sei nicht notwendig, auf die Grundlage, die das Volk zu seinem primitivsten Weiterleben braucht, Rücksicht zu nehmen. Im Gegenteil sei es besser, selbst diese Dinge zu zerstören. Denn das deutsche Volk habe sich als das schwächere erwiesen und dem stärkeren Ostvolk gehöre dann ausschließlich die Zukunft." (Haffner S. 197, Aussage Speer)

Linke Seite oben: Hitler kurz nach dem Attentat vom 20. Juli 1944; v.r.n.l.: Mussolini, Hitler, Bruno Lorzer, Himmler, Göring.
Linke Seite unten links: Hitler kurz nach dem Attentat vom 20. Juli 1944; v.r.n.l.: Der verwundete Generalstabschef Jodl, Hitler, Bormann, merkwürdig grinsend.
Linke Seite unten rechts: Rommel inspiriert Truppen am Atlantik Wall.

Das brennende Berlin – Selbstmord im Bunker der Reichskanzlei

Hitler machte es wahr. Er kämpfte bis fünf Minuten nach zwölf. Die Einschläge russischer Granaten waren schon im Garten der Reichskanzlei zu hören, als er sich mit einer Blausäurekapsel, die er zerbiß, vergiftete und sich gleichzeitig in die Schläfe schoß. Seine Ehefrau Eva, geborene Braun, er hatte sie einen Tag zuvor geheiratet, beendigte ihr Leben ebenfalls durch Zerbeißen einer Blausäurekapsel.

Die beiden Leichen wurden mit Benzin übergossen, verbrannt und die Reste verscharrt.

In seinem Testament verfügte Hitler, das deutsche Volk solle weiterkämpfen, was bedeutet hätte, daß es den von ihm vollzogenen Selbstmord zur Richtschnur des Handelns gemacht hätte. Wünschte er dessen Untergang?

Es erhebt sich die weitere Frage, warum er den Krieg fortsetzte, nachdem er wußte, daß die Niederlage nicht mehr abzuwenden war?

Diente die sinnlos gewordene Fortführung des Blutvergießens der Verlängerung des eigenen Lebens?

Übrigens, Hitlers persönliche Tapferkeit wurde bisher nie ernstlich in Frage gestellt. Oder ging der Verfall von Hitlers Persönlichkeit mit dem seines Mutes einher? Wenn aber diese Überlegung zutreffend sein sollte, erhebt sich sofort eine andere Frage. Warum hat er nicht das Friedensangebot Stalins, welches ihm dieser im Frühjahr 1943, also nach Stalingrad, über eine Stockholmer Botschaft hatte zustellen lassen, wenigstens überprüft?

Warum hat er nicht den Ukrainern, die unter Stalin Schreckliches erduldet hatten, der Kulakenmord war unvergessen, ein Angebot unterbreitet? Sie hätten auf deutscher Seite gegen Stalin gekämpft. Überlebende deutsche Frontsoldaten von damals wissen das. Zu denen gehört auch der Autor.

Warum nicht den Weißrussen, den Großrussen? Unter Ihnen gab es eine Bereitschaft, das stalinistische Terrorsystem abzuschütteln. Sollte es wirklich zutreffen, daß ihm Rassenwahn eine Zusammenarbeit mit anderen Völkern verbot?

Der Einsatz des national und großrussisch gesinnten russischen Generals Wlassow auf deutscher Seite stieß zunächst auf den energischen Widerstand Hitlers. Als er sich angesichts des Ernstes der Lage schließlich doch hierzu bereit erklärte, war es zu spät (am 14. 11. 1944). Wie aber paßt dieses Verhalten mit der Aussage seines Generalstabschefs Jodl zusammen, wonach Hitler bereits am 6. 12. 1941 gesagt habe, der Krieg sei nicht mehr zu gewinnen?

Hatte ihn das rapide Fortschreiten seiner Krankheit so geschwächt, daß er zu einem solchen Entschluß nicht mehr fähig war?

Dem steht entgegen, daß Hitler gerade in den letzten Kriegsmonaten, selbst ein menschliches Wrack, erstaunliche Entschlußkraft bewies; allerdings solche zerstörerischer Art.

Wollte er nur Zeit gewinnen, um die Juden Europas auszulöschen, wie Haffner meint?
Oder hoffte er gar bis zuletzt auf einen Verhandlungsfrieden mit den Westmächten?

Wir wissen es nicht.

Gelegentlich einer Proklamation zum 24. Februar 1945 (25. Jahrestag der Bekanntgabe des Parteiprogrammes) hatte Hitler erklärt, er bedaure es fast, daß der Berghof auf dem Obersalzberg bisher von Bomben verschont geblieben sei. Angesichts der vielen Kriegsverluste verzichte er gern auf persönlichen Besitz. Die versammelten hohen Parteiführer erstarrten vor Entsetzen. Sie hatten etwas anderes erwartet. Wunderwaffe, Endsieg – unerschütterlich. Vor ihnen stand der zitternde, totenbleiche Hitler und sagte dieses.

Oben: Hitler mit Eva Braun im Führerbunker Berlin. Dieses Bild entstand angeblich durch Fotomontage (Senkrechtknick in der Mitte des Bildes). Wie dem auch sei, es veranschaulicht die Situation.
Unten: Der schwer depressive Adolf Hitler am Obersalzberg.

Rechte Seite oben: Das brennende Berlin.
Unten: Der Kriegsheimkehrer (beinamputiert) im November 1945 beim Gang zum Friedhof.

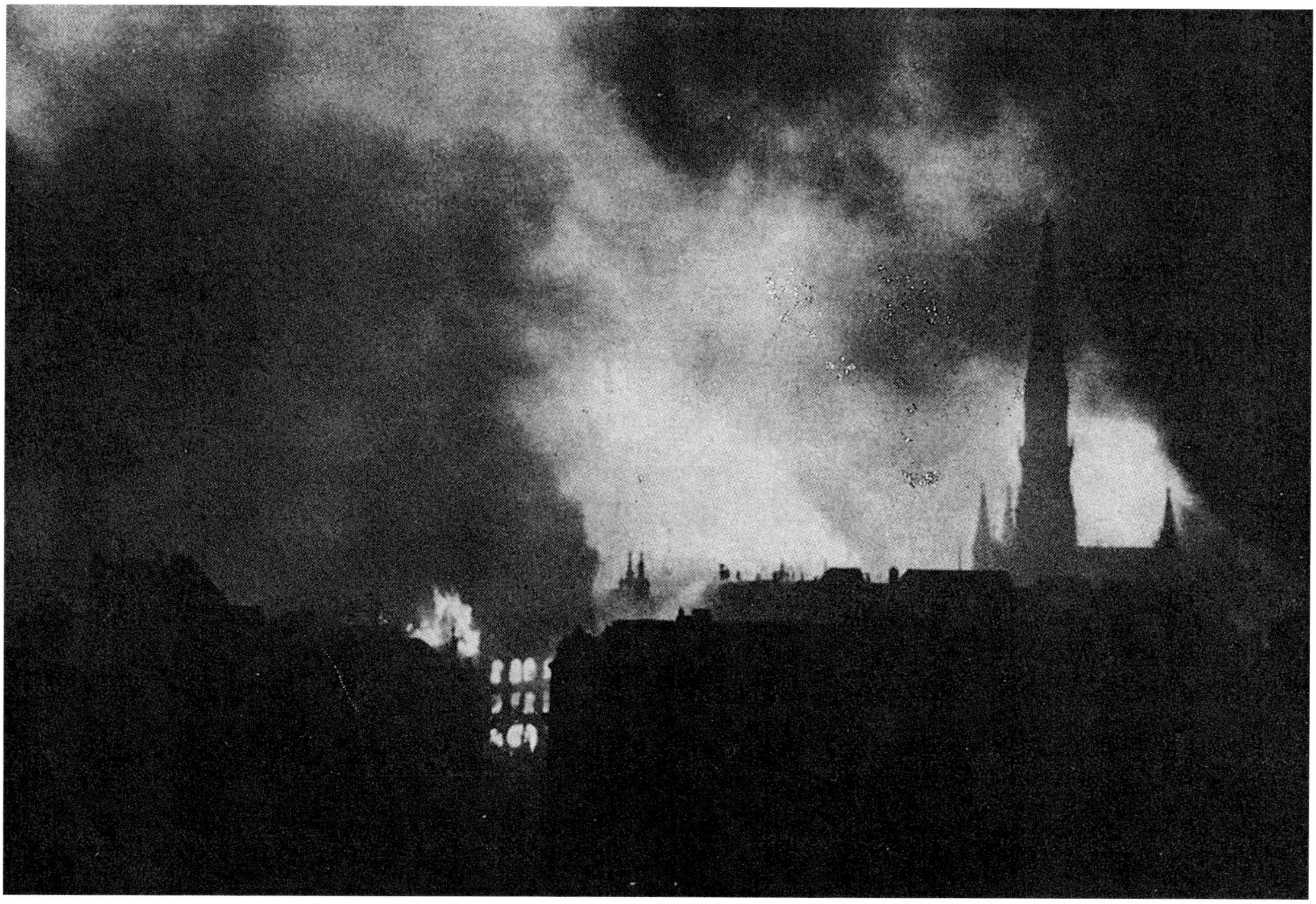

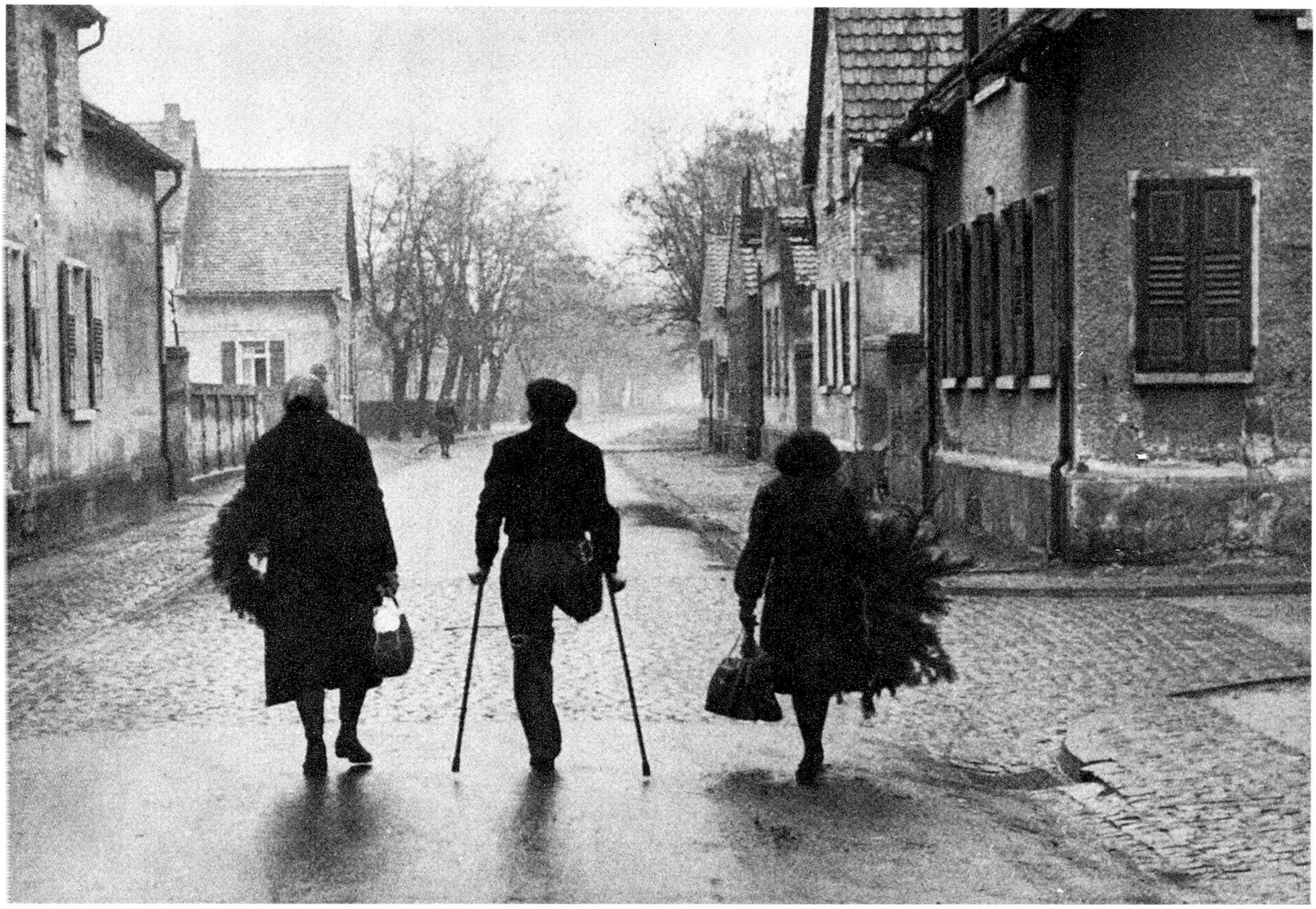

ZEITTAFEL ZUM 1. TEIL

	1837	Alois Schicklgruber/Hitler als unehelicher Sohn von Maria Anna Schicklgruber in Strones bei Döllersheim geboren.
28. 7.	1883	Geburt von Angela Hitler, Mutter der späteren großen Liebe Hitlers, Geli (2. Ehe des Alois Hitler mit Franziska Matzelsberger).
	1885	Eheschließung des Alois Schicklgruber mit Clara Pölzl (3. Ehe).
20. 4.	1889	Geburt Adolf Hitlers.
3. 1.	1903	Der Vater Adolf Hitlers stirbt.
23. 12.	1907	Die Mutter Adolf Hitlers, Clara, geb. Pölzl, stirbt.
Febr.	1908	Der Vollwaise Adolf Hitler geht nach Wien.
24. 5.	1913	Hitler siedelt nach München über.
16. 8.	1914	Hitler tritt in das bayrische Infanterieregiment List ein.
21. 10. bis 19. 11.	1918	Hitler heilt Gasverwundung im Lazarett Pasewalk aus.
21. 11.	1918	Hitler wird zur 7. Kompanie des I. Ers. Batls. des 2. Bayrischen Inf. Regts. versetzt.
1. 1.	1920	Eröffnung des ersten Parteibüros im Sterneckerbräu in München.
14./15. 10	1920	Deutscher Tag in Coburg mit Hitler.
9. 11.	1923	Hitler-Putsch in München.
26. 2.	1925	Neugründung der NSDAP.
26. 4.	1925	Generalfeldmarschall von Hindenburg wird zum Reichspräsidenten gewählt.
5. 10.	1930	Hitler wird von Reichskanzler Brüning empfangen.
10. 10.	1931	Hitler wird von Reichspräsident von Hindenburg empfangen.
31. 7.	1932	Reichstagswahl. NSDAP mit mehr als 37 % der abgegenen Stimmen stärkste Fraktion im Reichstag.
13. 8.	1932	Hitler wird zusammen mit Herrn von Papen vom Reichspräsidenten empfangen. Das geforderte Kanzleramt wird ihm verweigert. Das angetragene Amt des Vizekanzlers lehnt Hitler ab.
30. 1.	1933	Berufung Hitlers zum Reichskanzler durch den Reichspräsidenten Paul von Hindenburg.
24. 3.	1933	Ermächtigungsgesetz.
19. 10.	1933	Austritt Deutschlands aus dem Völkerbund.
30. 6.	1934	Röhmputsch
2. 8.	1934	Tod Hindenburgs. Neuer Titel Hitlers: „Führer und Reichskanzler".
7. 3.	1935	Kündigung des Locarnovertrages und Besetzung der entmilitarisierten Zone des Rheinlandes.

Die Putschteilnehmer Pernet, Dr. Weber, Frick, Kribel, Ludendorff, Hitler, Brückner, Röhm, Wagner.

SA-Parade in der Zeit, als Uniformen verboten waren.

Hitler auf dem Parteitag in Nürnberg 1929.

Oben: Hitler mit Gregor Strasser (rechts von ihm) im Hotel Kaiserhof in Berlin.
Mitte: Hitler mit seinen Oberbefehlshabern am Tag der Wehrmacht 1935. V.l.n.r.: Hitler, Göring, von Blomberg, von Fritsch, Raeder.
Unten: 30. Januar 1933, Fackelzug am Brandenburger Tor.

16. 3. 1935	Wiedereinführung der allgemeinen Wehrpflicht.
18. 6. 1935	Flottenabkommen mit England.

25. 10. 1936	Achse Rom – Berlin. Antikominternpakt zwischen dem Deutschen Reich und Japan.
5. 11. 1937	Hoßbach-Protokoll. Politisches Testament Hitlers.
4. 2. 1938	Entlassung des Kriegsministers von Blomberg und des Oberbefehlhabers des Heeres von Fritsch. Dessen Ersetzung durch Generaloberst von Brauchitsch. Reichsaußenminister von Neurath wird durch von Ribbentrop ersetzt.
11. 3. 1938	Einmarsch deutscher Truppen in Österreich.
22. 9. bis 24. 9. 1938	Besprechung mit dem britischen Premier Chamberlain in Bad Godesberg.

Oben: Verkündung der Wehrfreiheit 1935.
Mitte: Hitler im Kreise seiner engsten Mitarbeiter am Abend der Reichstagswahl vom 29. März 1936. Auffällig: Der unterwürfige Blick Bormanns links vor Hitler.
Unten: Besuch Hitlers in Karinhall am 5. Juli 1935.

29. 9. 1938	Münchner Abkommen.
9. 11. 1938	„Reichskristallnacht"
15. 3. 1939	Einmarsch deutscher Truppen in die Tschechoslowakei.
23. 3. 1939	Einmarsch deutscher Truppen ins Memelgebiet.
23. 8. 1939	Nichtangriffspakt mit der Sowjetunion. Geheimes Zusatzprotokoll.
1. 9. 1939	Deutsche Truppen marschieren in Polen ein.

3. 9. 1939	Kriegserklärung Englands, Frankreichs und deren Verbündeten an Deutschland.
6. 10. 1939	Friedensangebot Hitlers an die Westmächte.
9. 4. 1940	Besetzung von Norwegen und Dänemark durch deutsche Truppen.
10. 5. 1940	Beginn des Frankreichfeldzuges.
6. 4. 1941	Eintritt in den Krieg Italiens gegen Jugoslawien und Griechenland.
22. 6. 1941	Beginn des Krieges mit der Sowjetunion.
7. 12. 1941	Pearl Harbour.
7. 11. 1942	Alliierte landen in Nordafrika.
18. 11. 1942 bis 2. 2. 1943	Schlacht um Stalingrad.
7. 4. 1943	Hitler trifft Mussolini in Salzburg. Gesprächsthema: Friedensangebot Stalins.
19. 7. 1943	Hitler trifft Mussolini in Felbert (Italien).
25. 7. 1943	Sturz Mussolinis.
6. 6. 1944	Invasion der Alliierten in Frankreich.
20. 7. 1944	Stauffenberg-Attentat.
25. 9. 1944	Organisierung des deutschen Volkssturmes.
16. 12. 1944	Beginn der Ardennenoffensive.
30. 1. 1945	Letzte Rundfunkrede Hitlers.
25. 4. 1945	Zusammentreffen amerikanischer und russischer Truppen bei Torgau an der Elbe.
29. 4. 1945	Eheschließung Hitlers mit Eva Braun; Formulierung des privaten und politischen Testaments Hitlers.
30. 4. 1945	Hitler begeht zusammen mit Eva Braun Selbstmord im Bunker der Reichskanzlei.

Linke Seite oben rechts: Göring bei der Saujagd in Springe (Deister), 9. Dezember 1935.
Linke Seite Bild darunter: Göring auf Jagd in Rominten, 27. 9. 1936
Mitte links: Parteigründungsfeier im Hofbräuhaussaal am 24. Februar 1937.
Mitte rechts: Hitler auf dem Balkon des Hotels Imperial, Wien. März 1938
Linke Seite unten: Hitler in der Berliner Philharmonie. Wilhelm Furtwängler dankt für Applaus.

Rechte Seite oben: Invasion der Alliierten am 6. Juni 1944. Landende Truppen.
Unten: Hitler Ende April 1945. V.l.n.r.: Fegelein, Schaub, Hitler.

Folgende Doppelseite: Blick von Oberau ins Berchtesgadener Land. In der Bildmitte die Kneifelspitze, rechts davon beginnt das Untersbergmassiv. Links im Bild der Blick ins Berchtesgadener Tal. Aquarell des Autors.

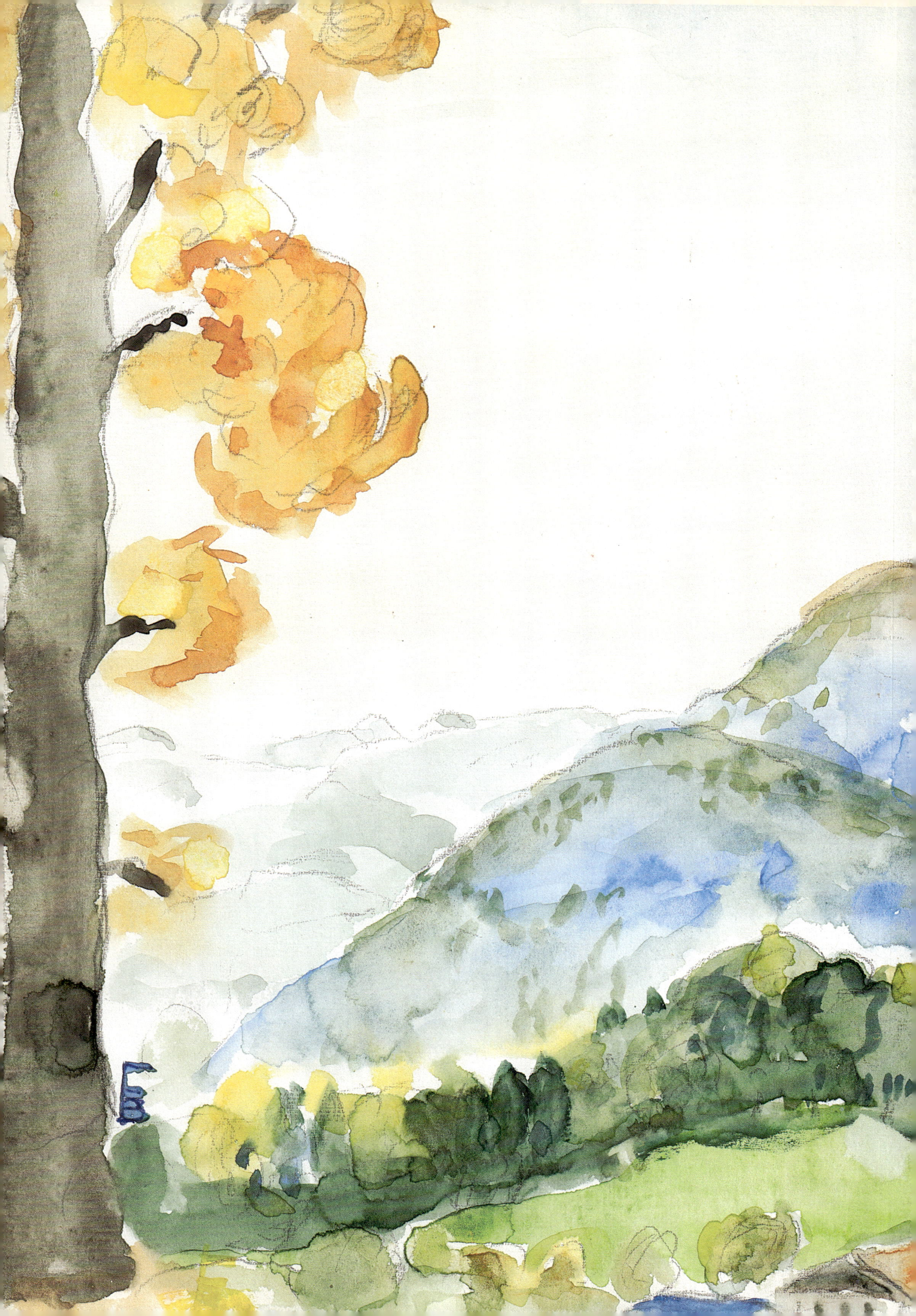

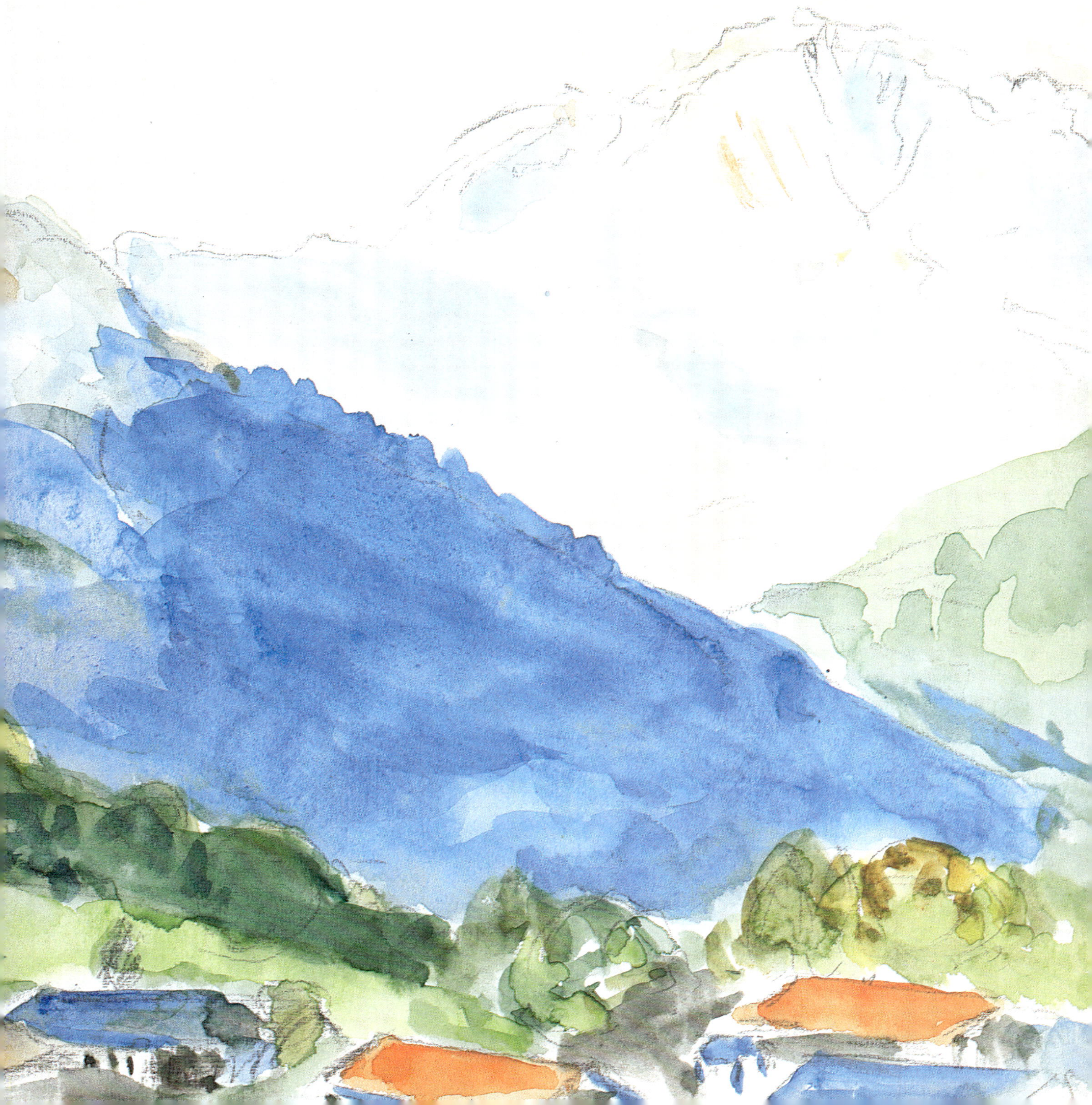

2. Teil
DER OBERSALZBERG IM MITTELPUNKT DES WELTGESCHEHENS

Romantische Verklärung

Großartig die Welt des unendlich Kleinen! Überwältigend die des Übermäßigen! Die Alpen. Ihre riesigen Gebirgsstöcke wurden Anfang des 19. Jahrhunderts von den Romantikern wie die Kulisse eines Heldenschauspiels entdeckt.

Wohlhabende Engländer ernannten die Schweiz zu ihrem touristischen Modeziel. Poeten, Wissenschaftler und Maler hingegen fühlten sich von Berchtesgaden angezogen, vom Watzmann und vom Königssee.

Der berühmte Weltreisende Alexander von Humboldt schrieb damals:
„Die Gegenden von Salzburg und Berchtesgaden, von Neapel und Konstantinopel halte ich für die schönsten der Erde." Bis dahin lebten auf dem Obersalzberg wenige Bergbauern. Das steinige, steile, von Schluchten und Bergbächen durchzogene Hochland bot kaum Möglichkeiten für den Ackerbau. Mit Viehwirtschaft sicherten sie nur in günstigen Jahren das Existenzminimum. Um Hunger von der Familie fernzuhalten, gingen sie als Bergknappen ins nahe gelegene Salzbergwerk, als Holzknechte in den Wald oder sie suchten als Holzschnitzer einen Nebenerwerb.

In Glaube und Familie fest eingebettet, wurzelten sie in der Heimat wie die Bäume des Hochwaldes. Sie mögen den Kopf geschüttelt haben, als die ersten Romantiker auftauchten, die auf den Obersalzberg ausschwärmten. Die Sehnsucht nach der Schönheit ihrer Berge mußte bei ihnen auf Verwunderung stoßen, denn sie gehörten dazu: die Berge, Seen, Wälder und Matten waren ein Teil ihrer Welt. Für sie gab es da nichts zum Anstaunen. Der Riese Watzmann mit Frau und Kindern gehörte zur eigenen Sippschaft. Ganz anders die da von draußen kamen, die Maler, Dichter, die vom Zeitgeist beseelten. Mit den Alpen entdeckten sie eine neue Welt.

Wie für eine solche Situation geschaffen, kam im Jahre 1877 eine tüchtige Frau auf den Obersalzberg, deren Lebenswerk Geschichte machen sollte. Mauritia Mayer, Moritz genannt, denn ihre Eltern hatten sich eigentlich einen Sohn gewünscht. So kam es, daß die Tochter zeitlebens Moritz genannt wurde. Es sollte sich später zeigen, daß sie ihren Mann zu stellen wußte.

Im 44. Lebensjahr erwarb die Moritz am Obersalzberg das damalige Hofreiteranwesen „Steinhauslehen" mit den dazugehörigen Almen am Kehlstein für 13500 Mark. Das „ledige Frauenzimmer" mit dem „herrischen Aussehen" wurde von den Nachbarn argwöhnisch beobachtet. Man traute ihr nicht zu, daß sie den heruntergewirtschafteten Hof wieder in die Höhe bringen könne.

Oben: Die „Moritz" (Jugendbildnis).
Unten: Die „Moritz", Besitzerin des Platterhofes.

Aber sie packte an. Mit Pflug und Sense konnte man sie auf ihren Wiesen und Feldern beobachten. Sie rodete, baute und wußte mit den Dienstboten umzugehen. Mit klarem Blick für die Erfordernisse ihrer Zeit baute sie das Steinhaus in eine Pension um, die sie Haus Moritz nannte. Den alten Bauernhof jedoch nannte sie Platterhof, ein Name, den sie aus Südtirol mitgebracht hatte.

Der aufblühende Bauernhof nötigte den Nachbarn Respekt ab, die Pension Moritz jedoch erlangte in kurzer Zeit den legendären Ruf kultivierter Gastlichkeit. Herzensbildung und Tüchtigkeit, auch Geschäftstüchtigkeit ihrer Besitzerin, nicht zuletzt aber auch ihre Schönheit wirkten wie ein Magnet. Hier fand die schwärmerische Begeisterung für den Zauber unberührter Bergwelt den rechten Mittelpunkt. Die Reihe berühmter Künstler und Politiker, die bei der Moritz Anregung und Erholung suchten, ist lang. Peter Rosegger und Ludwig Ganghofer verwendeten in ihren Dichtungen manches Sujet, das sie während ihrer häufigen Besuche bei der Moritz kennengelernt hatten. Angehörige des bayrischen Königshauses wurden ebenso wie die österreichische Kaiserfamilie von der Moritz bewirtet. Johannes Brahms komponierte, Clara Schumann spielte hier. Vielleicht gab es auch eine Liebesromanze zwischen ihr und Richard Voss, dem berühmten Dichter des Romans "Zwei Menschen". Vielleicht sind diese beiden Menschen nahe Verwandte von Richard Voss und seiner Freundin, der "Bergkönigin", wie Mauritia auch genannt wurde.

Dietrich Eckhart-Zimmer im alten Platterhof.

Am 1. März 1897 starb die Moritz, mitten in den Vorbereitungen und in der Vorfreude auf einen Besuch, den sie dem Ehepaar Voss in Italien machen wollte.

Ihre Schwester Antonie führte die Pension weiter. Mit Umsicht und Tatkraft gewann auch sie dem Obersalzberg viele Freunde. Ihre unmerkliche Regie ließ den Freundeskreis weiter anwachsen, zu dem auch eine Reihe einflußreicher Industrieller, Künstler und Ärzte gehörten. Viele von ihnen siedelten sich am "Berg" an.

Während des ersten Weltkrieges wechselte die Pension Moritz mehrmals den Besitzer, nie aber die Aufgabe: sie blieb Treffpunkt einer geistigen und wirtschaftlichen Elite. Diese suchte hier Gedankenaustausch und gewiß auch körperliche Erholung. Unverkennbar entwickelte sich eine Eigendynamik, die schließlich auch Politikern nicht verborgen blieb. Spätestens ab 1920 besuchte ein Freundespaar wiederholt den Platterhof, das dieser Dynamik erst den richtigen Schwung verlieh. Es waren dies ein Herr Dr. Hofmann und ein gewisser Herr Wolf. Hinter diesen Tarnnamen verbargen sich der Dichter und Publizist Dietrich Eckart, Freund und Mentor Adolf Hitlers, und dieser selbst.

Adolf Hitler alias Wolf. Diesem Tarnnamen Hitlers begegnen wir auch später gelegentlich: Wolfsburg, Wolfsschlucht, Wolfsschanze, Werwolf.

Das Freundespaar wurde während seiner Platterhofbesuche immer wieder bei ausgedehnten Spaziergängen ins Gebirge beobachtet, die es zu lebhaften Gesprächen benutzte.

Treffpunkt

Der Obersalzberg veränderte in den zwanziger Jahren kaum sein Gesicht. Draußen, jenseits des Untersberges, mochten die Bäume der Industrialisierung in den Himmel wachsen. Hier nicht. Zwar übte auch hier das Geld der Industrie seine Wirkung aus. Aber es wuchsen keine Schornsteine aus den Gebirgsfelsen, sondern Gasthöfe und Hotels, für die wachsende Zahl von Urlaubern und Villen für Geldleute. Sie genossen die grandiose Kulisse des Hochgebirges, wozu das harte Leben der Gebirgler auch gehörte, als Zuschauer. Eine Villa im Berchtesgadener Land zu besitzen, Sommersitz möglichst oder Wochenendrefugium, das war etwas für wenige Auserwählte. Sinn für Natur und Heimat, aber auch ein gewisser Snobismus waren damit verbunden.

Der Platterhof spiegelt diese Entwicklung wider. Um ihn als Kristallisationspunkt entstanden Villen auf den Almwiesen. Die industrielle Elite fand es chic, auch dabei zu sein. Die Liste von Namen bekannter Persönlichkeiten jener Zeit, die dort siedelten, ist lang. Der Flügelfabrikant Bechstein, die Verlegerfamilie Bruckmann, Geheimrat Carl von Linde (Eismaschinen), Kommerzienrat Stöhr, Generaldirektor August Rostberg Kassel, Kommerzienrat Winter aus Buxtehude, der Haus Wachenfeld baute. So ist es nicht verwunderlich, daß die Bohème sich ebenfalls angezogen fühlte. Dazu gehörte der Dichter Dietrich Eckart, Ernst (Putzi) Hanfstaengl und – Adolf Hitler. Wenn dieser, erschöpft von Wahlkämpfen, manchmal 14 Veranstaltungen an einem Tage, hier ankam, fand er auf dem Obersalzberg beides: Erholung und die Möglichkeit zum Anknüpfen neuer Verbindungen.

Das Berchtesgadener Land hat eine jahrhundertealte Tradition als Schnittstelle der Kraftlinien im südeuropäischen Raum. Die Reichsunmittelbarkeit seiner Fürstpröpste (Augustiner Chorherren) boten die Voraussetzungen hierzu. Weder die Habsburger im Südosten, noch die Wittelsbacher im Westen, noch die übermächtigen Nachbarn in Salzburg, weder Kaiser noch Papst konnten sich dieses kleinen, in riesige Gebirgsstöcke eingebetteten Ländchens ganz bemächtigen. Die Einnahmen aus dem Salzabbau (Obersalzberg) waren hierbei hilfreich. Eine kluge Politik des Ausgleichs der Kräfte verhalf den Fürstpröpsten von Berchtesgaden zur Bewahrung ihrer Unabhängigkeit. Erst der Diktator Napoleon verordnete in dem durch seine Politik ausgelösten Reichsdeputationshauptschluß das Ende der Unabhängigkeit. Mit der Säkularisation des Kirchenbesitzes wurde das Berchtesgadener Land Bayern einverleibt.

Der genius loci blieb jedoch auch nach der Säkularisation (1803) an der Berchtesgadener Ache gegenwärtig. Das Land blieb ein Treffpunkt der Mächtigen. Diesmal waren es solche aus Industrie und Handel, aber auch das Bayerische Königshaus und mit ihm der Adel gehörten dazu. Das Schloß in Berchtesgaden spielte als Sommersitz des Königs bis ins 20. Jahrhundert eine Rolle.

Da Hitler seine Pläne möglichst ohne Umwege zu verwirklichen suchte, kommt der Auswahl des Obersalzberges Bedeutung zu.

Während des Putsches vom 9. November 1923 wird durch ein vergleichsweise unbedeutendes Ereignis deutlich, daß damals bereits der Obersalzberg in Hitlers Denken ständig präsent war. Er schickte einen Parlamentär zu Kronprinz Rupprecht, der in Berchtesgaden residierte, und bat um Vermittlung in seinem Streit mit dem Generalstaatskommissar Gustav von Kahr.

Der Putsch mißlang. Hitler wurde wegen Hochverrats zu fünf Jahren Festungshaft und zur Zahlung von 200 Goldmark verurteilt. Trotzdem sollte es sich zeigen, daß diese Niederlage in Wirklichkeit ein Sieg war. Der Kreis seiner Münchner beziehungsweise seiner Obersalzbergfreunde sorgte dafür, daß seine Popularität stieg. Sie, darunter die Damen Bechstein, Bruckmann, Hanfstaengl, verhätschelten ihn mit Paketen und Briefen. Nach seiner vorzeitigen Entlassung aus der Festungshaft am 20. 12. 1924 wählte Hitler deshalb den Obersalzberg zunächst als Versteck, dann als festen Wohnsitz. Zunächst wohnte er in verschiedenen Gasthäusern des Obersalzberges, darunter bevorzugt im Platterhof. Dann schrieb er im etwa 100 m oberhalb des Platterhofes liegenden sogenannten „Kampfhäusl", dem früheren Lieblingsaufenthalt des inzwischen verstorbenen Dietrich Eckart, den zweiten Band seines Buches „Mein Kampf". Heute ist diese Blockhütte vom Erdboden verschwunden. Sie wurde beim Bombenangriff der Alliierten vom 25. April 1945 beschädigt, später beseitigt.

1925 mietete Hitler das Haus Wachenfeld auf den Namen seiner verwitweten Halbschwester Angela Raubal.

Linke Seite: Der Tourist Hitler mit Lederhose auf dem Obersalzberg.
Oben: Das „Kampfhäusl".
Unten: Haus Wachenfeld vor dem Umbau.

Ab 1928 führte sie ihm dort den Haushalt. Haus Wachenfeld war ein schön gelegenes wenn auch bescheidenes Landhaus mit einem großen Wohnraum und einer Veranda im Erdgeschoß. Im Obergeschoß gab es drei Zimmer.

In diesem Zusammenhang sollte erwähnt werden, daß der unsportliche Hitler den Schnee haßte (besonders nach dem Winter 1941/42) und den Sonnenschein mied, weil beides ihm Übelkeit bereitete. Seiner Sekretärin Frau Schröder sagte er einmal, den Berghof (Haus Wachenfeld) habe er gerade deshalb gekauft, weil er auf der Nordseite des Obersalzberges lag.

Das Haus befand sich oft den ganzen Tag über im Schatten und die dicken Mauern verhinderten das Eindringen der Tageswärme. Es war selbst im Sommer meist kühl darin und bei Regenwetter empfindlich kalt. Hitler liebte diese Kälte, aber seinen Gästen war sie unangenehm. (Schröder S. 73)

In den zwanziger Jahren hatte der Obersalzberg für Hitler nur vordergründig als Zufluchts- und Erholungsort Bedeutung.

Eine der großen Leistungen Hitlers war es, wie er seine Partei nach 1925, also nach der großen Niederlage 1923, wieder aufbaute. Das war erstaunlich, wenn man bedenkt, daß Hitler damals seine Aufenthalte auf dem Berg manchmal wochen- ja monatelang ausdehnte, so daß er sich von seinen Gefolgsleuten den Vorwurf gefallen lassen mußte – allerdings hinter der vorgehaltenen Hand –, er kümmere sich um nichts; auch, er gehe mit Parteigeldern zu großzügig um. Wie sie ihn unterschätzten, Freunde wie auch Gegner! Auf dem Obersalzberg regierte er seine Partei aus der Ferne, hinter den Wolken, aber allgegenwärtig, unerreichbar für lästige Kritik, aber blitzschnell gegenwärtig, wenn die Situation es erforderte.

So hielt er die Gefolgschaft in geduckter Erwartung. Niemand wußte, wann und wie er eingriff. Ein Beispiel: Am 11. 3. 1925 beauftragte Hitler wenige Tage nach Erlaß des Redeverbots Gregor Strasser mit dem Aufbau und der Organisation der NSDAP in Norddeutschland. Bald stellte sich heraus, daß Strasser, der mit Josef Goebbels zusammenarbeitete, ihm zu mächtig wurde. Goebbels und Strasser bildeten ein immer zugkräftiger werdendes Tandem, das ihn eines Tages übertrumpfen könnte. Da machte er Goebbels, den Aufsässigeren von beiden, zum Gauleiter von Berlin, und somit zum Konkurrenten von Strasser. Fortan bewachte einer den anderen. Hitler konnte sich anderen Aufgaben zuwenden.

Im Sommer 1926 verbrachte Josef Goebbels viele Wochen zusammen mit Hitler im Haus Wachenfeld. Goebbels war nun ganz auf Hitlers Linie eingeschwenkt. Die beiden besprachen in großem Einvernehmen das Thema: Eroberung des roten Berlin. Die Wirkung dieser entscheidenden Aussprache sollte bald sichtbar werden. Am 1. 11. 1926 begann Goebbels seinen Feldzug in der Reichshauptstadt.

Die Einnahmen aus dem Verkauf des Buches „Mein Kampf" hielten sich in der ersten Zeit in Grenzen. Am 10. Dezember 1926 erschien auch der auf dem Obersalzberg geschriebene zweite Band.

Immerhin erlaubten ihm die ersten Tantiemen den Kauf des Hauses Wachenfeld. Frau Bechstein unterstützte ihn beim Kauf der Einrichtung, Frau Winifried Wagner

Links: Hitler liest die örtliche Zeitung in der Sitzecke des Hauses Wachenfeld.
Rechts: Hitler vor dem Hause Wachenfeld.

sorgte für Wäsche und Porzellan. Damals erwarb Hitler auch für 20 000,– Mark einen sechssitzigen Mercedes Kompressor, der auf späteren Wahlreisen Berühmtheit erlangen sollte.

Von nun an wuchs der Obersalzberg mehr und mehr in die Rolle des präsumptiven Regierungssitzes Hitlers hinein. Hier faßte er seine wichtigsten Entschlüsse, hier fanden die wichtigsten Begegnungen statt, vorerst die mit Parteimännern; später sollten es ausländische Staatsmänner sein.

Die Menschenmenge wartet geduldig, bis Hitler Haus Wachenfeld für kurze Zeit verläßt, um ihre Ovationen entgegenzunehmen.

Ankogel
Hochkönig
Bischofshofen
Steinernes Meer
Werfen
Tennengebirge
Funtensee
Tenneck
Obersee
Hagengebirge
Gotzenalm
Watzmann
Jenner
Paß Lueg
Königssee
Hoher Göll
Grünstein
Golling
Kehlstein
Königssee
Schönau
Obersalzberg
Roßfeld
Kuchl
Salzberg
Strub
Au
Berchtesgaden
Dürrnberg
Bischofswiesen
Gern
Hallein
Untersberg
Schellenberg
Hallthurm
Baye
Grödig
Großgmain
Marzoll

Panorama des Berchtesgadener Landes mit Blick nach Süden. Die Grenze nach Österreich umschließt es herzförmig. Hohe Gebirgsstöcke wie „Hoher Göll", „Hagengebirge", „Steineres Meer", „Hochkalter", „Reiteralpe" und der „Untersberg" liegen deshalb nicht mehr auf bayrischem Gebiet. Lediglich der „Watzmann" macht hiervon eine Ausnahme.

Machtinstrument

Von einer besonderen Liebe Hitlers ist oft die Rede: die zur Berchtesgadener Landschaft. Ihre einzigartige Schönheit hat er mit Sicherheit genossen. Die Urbanität der Bergbauern übte auch auf ihn ihren Reiz aus. Aber von einer romantischen Liebe Hitlers zum Obersalzberg kann keine Rede sein.

Es gab vielmehr sachliche Überlegungen, die Hitler bewogen haben, hier seinen festen Wohnsitz zu nehmen. Zunächst war es die Nachbarschaft vermögender und einflußreicher Familien, die hier ihren Sommersitz hatten. Auch die nahe Residenz des abgedankten bayrischen Königshauses in Berchtesgaden bot gewisse Vorteile für seine politischen Pläne. Nicht minder wichtig erschien ihm während der sogenannten Kampfzeit die Nähe der deutsch-österreichischen Grenze. Hierbei dachte er auch an die Möglichkeit, im Falle eines Falles über die Grenze fliehen zu können.

Als der von vielen Frauen umschwärmte Hitler damals gefragt wurde, warum er nicht heirate, gab er zur Antwort, daß er als (damals) Staatenloser seine Verhaftung und Abschiebung nach Österreich fürchte. Später, als er die Rolle des großen Staatsmannes spielte, sah er das anders. Er habe nur eine Braut und die hieße Deutschland. Haus Wachenfeld, Hitlers Domizil auf dem Obersalzberg, blieb auch nach dessen Ernennung zum Reichskanzler das bescheidene, im Stile Berchtesgadener Landhäuser erbaute Haus. Wie bisher diente es als Zufluchtsort des politischen Kämpfers Hitler. Nach außen zeigte es das Gesicht eines idyllischen Wochenendsitzes.

Zwar behielt Hitler die 9-Zimmerwohnung in München bei. Diese war aber nie etwas anderes, als die Durchgangsstation auf dem Wege nach Berchtesgaden. Schon in den frühen zwanziger Jahren hatte sich der Revolutionär, Putschist und Volksredner hierher zurückgezogen, wenn draußen die Wogen der Erregung hochgingen. Hier hatte das Liebesdrama mit seiner Nichte Geli Raubal begonnen, hier erwartete ihn eine Art familiärer Bindung. Seine Halbschwester Angelika Raubal, Mutter von Geli Raubal, führte ihm im Haus Wachenfeld den Haushalt.

Damit ist jedoch die Bedeutung des Obersalzberges für Hitlers Laufbahn noch nicht einmal angedeutet. Die Idylle, der Erholungsort Obersalzberg war eines seiner wichtigsten Machtinstrumente. Hierher entschwand er, wenn ihm das opportun erschien, in den Wolken seines „Berges". Hier wartete er die Entwicklung der Dinge ab, um dann zum richtigen Zeitpunkt wieder vorzustoßen, blitzschnell und unter Ausnutzung des Überraschungsmomentes. So war es nach dem Hitlerputsch 1923, so war es in der Zeit des Redeverbotes, so war es nach der verlorenen Reichstagswahl am 6. 11. 1932, so beim Röhmputsch. Es ließen sich noch andere Beispiele anführen. Nach seiner Ernennung zum Reichskanzler sah es für eine kurze Zeit so aus, als wolle die Reichskanzlei in Berlin dem Obersalzberg den Rang ablaufen. Hitler genoß den Reiz seiner neuen Aufgabe und regierte das Land wie vor ihm der Hohenzollernkaiser, von Berlin aus. Aber das änderte sich nach wenigen Wochen; vielleicht weil ihn die Routinearbeit und das damit verbundene tägliche Einerlei langweilte. Aber da gab es noch einen anderen Grund des Mißbehagens. Der genius loci. Berlin, die Stadt der Hohenzollerntradition, preußische Pflichtauffassung. Das fing mit den Dienstzeiten an. Hitler der Langschläfer konnte und wollte nicht morgens durch pünktliches Erscheinen Vorbild sein. Morgens überhaupt nicht, mittags vielleicht und des nachts bis morgens um vier Uhr.

Linke Seite oben: Hitler mit Julius Schreck in der Wohnstube Haus Wachenfeld.
Linke Seite unten: Hitler begrüßt seinen Nachbarn auf dem Obersalzberg. Es handelt sich um den Bergbauern Rasp vom Freidinglehen, „Fleck" Rasp genannt.
Unten: Während der Umbauarbeiten am Haus Wachenfeld.

Dies alles hätte Hitler vielleicht noch ertragen, wenn es keine Kabinettssitzungen, keine sachkundigen Geheimräte oder sonstige Kontrollorgane parlamentarischer Demokratie gegeben hätte. Die von Hitler angestrebte Alleinherrschaft wäre an Berlin gescheitert. Deshalb kehrte er der Reichshauptstadt sehr bald den Rücken. Genug, daß er sie erobert hatte. Unrast trieb ihn durch das Land; nach Hamburg, Bremen, Frankfurt, München und — auf den Obersalzberg.

Obersalzberg (1000 m) mit Hitlerhöhe 1060 Phot. H. Huber

In 1000 m Höhe blieb er allen dienstbeflissenen Quälgeistern unerreichbar. Von hier aus konnte er seine Befehlsblitze schleudern. Sie kamen allemal an. Einen weiteren Vorteil bot dieser Regierungssitz: Pilgerstätte zu sein. Wer Hitler hautnah erleben wollte, machte sich auf den Weg zum Obersalzberg. Dort trat der „Volkskanzler" von Zeit zu Zeit vor die Tür, um begeisterten Anhängern die Hand zu drücken, Kindern über das Haar zu streichen. Das tägliche Defilee warf allerdings Sicherheitsprobleme auf. Eine Wachmanschaft mußte

Oben: Obersalzberg. Zustand vor Beginn der Baumaßnahmen Bormanns.
Unten: Haus Wachenfeld kurz bevor es umgebaut und erweitert wurde. Dann hieß es „Berghof".

her. Es gab Probleme gesundheitlicher Art. Hitler beschwerte sich, daß er an hellen Tagen dem prallen Sonnenlicht ausgesetzt sei. Bormann, damals noch Sekretär des Stellvertretenden Parteiführers Rudolf Heß, löste das Problem auf seine Weise. Wenige Tage später

Oben: Hitler streichelt das Enkelkind eines Nachbarn.
Mitte: Der Platterhof wie er aussah, als Hitler den Obersalzberg kennenlernte.
Unten: Besucherparade am Haus Wachenfeld. Ganz im Vordergrund SA-Obergruppenführer Lutze, Nachfolger von Röhm. Hitler und er in Zivil.

stand hier eine mächtige, schattenspendende Linde. Bormann hatte sie aus München ankarren und in Windeseile einpflanzen lassen.

Damals wurden von geschäftstüchtigen Fotografen Postkarten mit der Ansicht des Hauses Wachenfeld verkauft. Darunter stand:
„Das Häuschen des Volkskanzlers."

Nun, das Häuschen wurde durch den Architekten Degano Zug um Zug vergrößert. Es bekam eine Terrasse und Anbauten, damit es der ständig wachsenden Zahl von Gästen mit Gefolge gewachsen war. Rudolf Heß erhielt den Auftrag, mit den Nachbarn in Kaufverhandlungen einzutreten. Das vergrößerte Areal wurde umzäunt, Wachen zogen auf. Die tägliche Visite der Anhänger ging auf Distanz, um schließlich ganz zu entfallen.

Hitler richtete den Regierungssitz Obersalzberg ein. So sprach Hitler am 29. Juli 1933 vor den Reichs- und Gauleitern der NSDAP auf dem Obersalzberg. Die drangvolle Enge, in welcher diese Begegnung stattgefunden haben muß, bewies, daß trotz aller inzwischen vorgenommenen Erweiterungsbauten Haus Wachenfeld nicht ausreichte. Rudolf Heß wurde von der Aufgabe entbunden, den Regierungssitz zu vergrößern. Er war daran gescheitert, daß er mit den Auseinandersetzungen, die im Zusammenhang mit dem Aufkauf umliegender Grundstücke entstanden, nicht glücklich werden konnte. Dafür wurden ihm andere politische Aufgaben zugewiesen. An seiner Stelle beauftragte Hitler den ehrgeizigen Martin Bormann.

**Oben: Wintergarten im Haus Wachenfeld.
Mitte: In eben diesem Raum hört Hitler am 13. 1. 1935 mit Reichsminister Goebbels und Gauleiter Wagner Radiomeldungen über die Saarabstimmung.
Unten: 1937. Hitler begegnet in Berchtesgaden Schornsteinfegern.**

Es ist kein Zufall, daß Bormann den Regierungssitz Obersalzberg baute und gleichzeitig zum mächtigsten Mann nach Hitler aufstieg. Bormann bekam Vollmacht für die Gesamtgestaltung. Inzwischen hatte es sich er-

Oben: Winterliche Begegnung auf dem Obersalzberg.
Unten: Hitler begrüßt vor dem Haus Wachenfeld einen Kameraden aus dem 1. Weltkrieg.

wiesen, welche Bedeutung der Obersalzberg für die nächsten Jahre haben konnte. Hier war eine Entscheidung von großer Tragweite gefallen. Ende Februar 1934 suchte der bis dahin unbekannte SA Gruppenführer Lutze Hitler auf seinem Bergsitz auf und informierte ihn über aufrührerische Reden Röhms. Es ging um die Entscheidung der Frage, ob preußische Tradition und Wehrmacht erhalten bleiben sollten, wie Hindenburg — und Hitler, wenn auch aus unterschiedlichen Motiven, es wollten, oder ob eine bewaffnete Volksmiliz unter Führung der SA an die Stelle der Reichswehr treten sollte. Vor dem Hintergrund des bevorstehenden Ablebens

Links: Bormann, neben ihm Gauleiter Wagner, auf der Terrasse des Berghofes. Sein waches Gesicht kündet: „stets auf dem Sprung".

Unten: V.l.n.r.: Goebbels, Hitler, Bormann, Pressechef Dietrich. Eine wichtige Meldung zeichnet die Mienen.

Linke Seite oben: Rudolf Heß als Parteisekretär und Stellvertreter Hitlers im Haus Wachenfeld.
Linke Seite unten: Der Umbau des Hauses Wachenfeld und dessen Erweiterung. So entstand der „Berghof". So entstand aber auch die Macht Bormanns und schwand die von Rudolf Heß.

Hindenburgs war diese Frage besonders prekär. Vom 23. bis zum 26. Juni 1934 verweilte Hitler auf dem Obersalzberg, um seine Aktion gegen Röhm zu überdenken. Am 30. Juni 1934 wurden Röhm, von Schleicher und andere verhaftet und kurz darauf erschossen. Anschließend zog Hitler sich wieder ins Haus Wachenfeld zurück, um dort abzuwarten, bis sich die erste Erregung gelegt hatte.

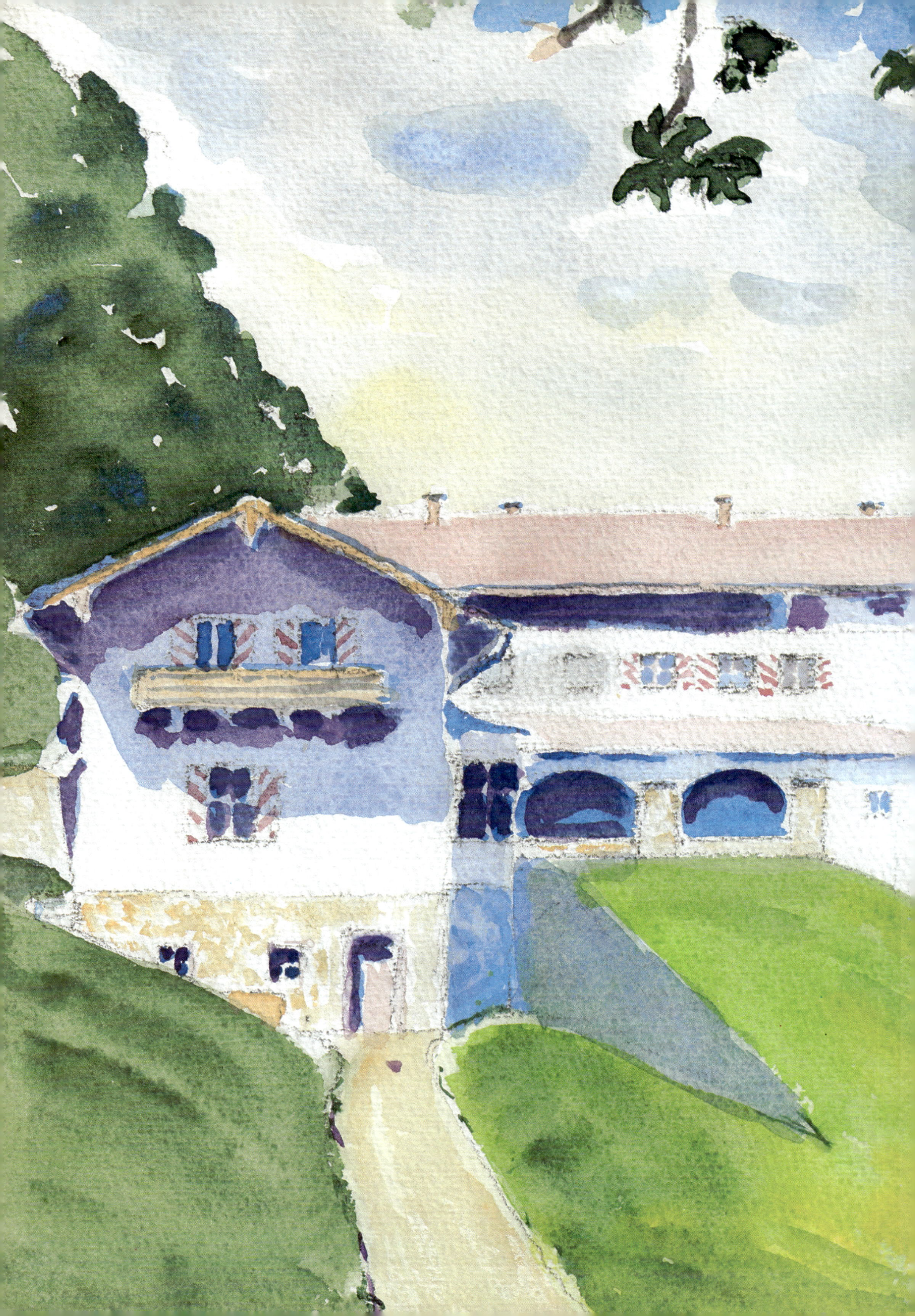

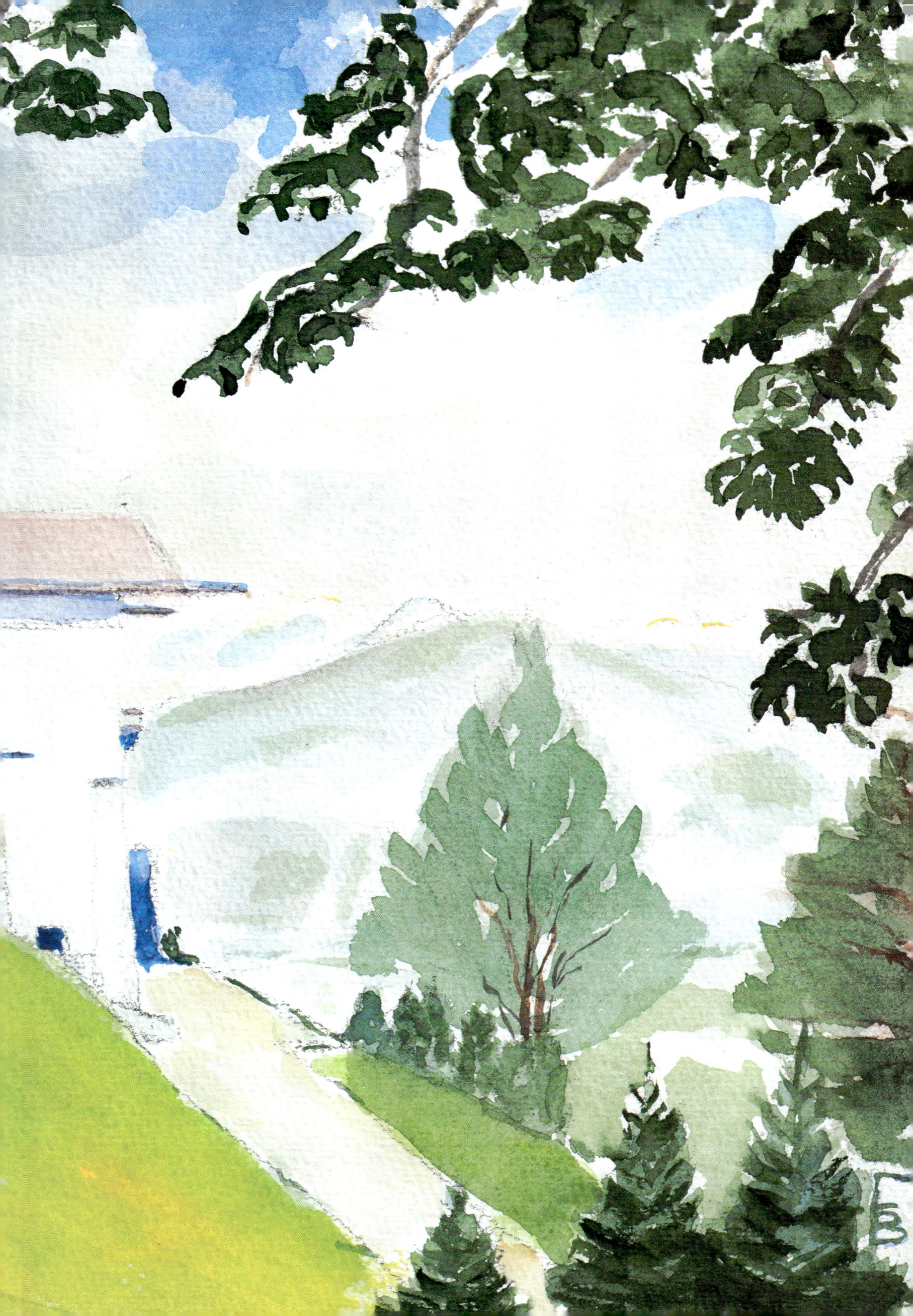

Der Berghof

Hitler beschloß im Sommer 1935 das bisherige Haus Wachenfeld in einen repräsentativen Regierungssitz zu verwandeln. Grundriß, Schnitte und Ansichten des Neubaus entwarf er selbst.

Zur Vorbereitung dieses Bauvorhabens gehörte es, daß Bormann in kurzer Zeit 10 Quadratkilometer Land auf dem Obersalzberg kaufte. Es handelte sich meist um Bergbauernhöfe, deren Besitzer aufgeben mußten, darunter viel Waldbesitz. Die Erlöse wurden großzügig bemessen. Er erklärte es zum „Führergebiet", ließ es umzäunen und bewachen. Nun konnte die eigentliche Bautätigkeit beginnen.

Das Kernstück des neuen Regierungssitzes Haus Wachenfeld blieb erhalten. Es wurde renoviert und in den neuen repräsentativen Bauteil einbezogen und hieß nunmehr „Berghof". Ein neuer Name sagte, daß Haus Wachenfeld der Vergangenheit angehören sollte. Erinnerung an die einstige Zufluchtsstätte Hitlers wurde zwar bewahrt, aber die neue Aufgabe brauchte ein anderes Haus. Regierungssitz, unter betonter Beibehaltung süddeutscher Behaglichkeit, großzügig, großartig. Große Freitreppe. Über diese gelangte man unter Arkaden zum Eingang und Flügelbau. Auf der davor gelegenen Terrasse empfing Hitler seine Gäste. Besonders geehrten Besuchern kam er auf der Freitreppe entgegen. Hinter der Eingangstür öffnete sich der weiträumige Korridor mit Kreuzgewölbe und Säulenabstützung.

Übrigens, Hitler legte großen Wert darauf, daß der Bau mit gediegenen aber nicht mit luxuriösen Baustoffen ausgestattet wurde. Höchste Anforderungen wurden allerdings an die handwerkliche Kunst der Verarbeitung gestellt. Vom Korridor aus gelangte man in die Große Halle; ein hallenartiger Raum mit massiver Kassettendecke. Die sparsame Ausstattung mit Möbeln, auch mit einem Konzertflügel, großem Globus, erhöhte den Eindruck der Weiträumigkeit. Ein kostbarer Gobelin auf der Haus Wachenfeldseite schloß die Große Halle auch nach Westen harmonisch ab. So entstand trotz deren ungewöhnlicher Weite eine gemütliche Atmosphäre. Daran konnten auch die Ausmaße des berühmten gro-

Vorhergehende Doppelseite: Der Berghof von der Ostseite mit Blick auf Berchtesgaden. Aquarell des Autors.

Unten: Der Berghof. Nordseite. In der Mitte das große Fenster der Halle. An das Haupgebäude rechts angelehnt das umgebaute Haus Wachenfeld, daran angelehnt die langgestreckte Adjutantur. Linker Seitenflügel, Speisesaal und Bewirtschaftungsräume.
Rechte Seite oben: Die große Halle. Rechts der große Tisch diente während des Krieges zum Ausbreiten der Karten. Der Durchgang gibt einen Blick ins Haus Wachenfeld frei.
Rechte Seite unten: Große Halle mit Blick zum Kamin sowie zur Eingangstür.

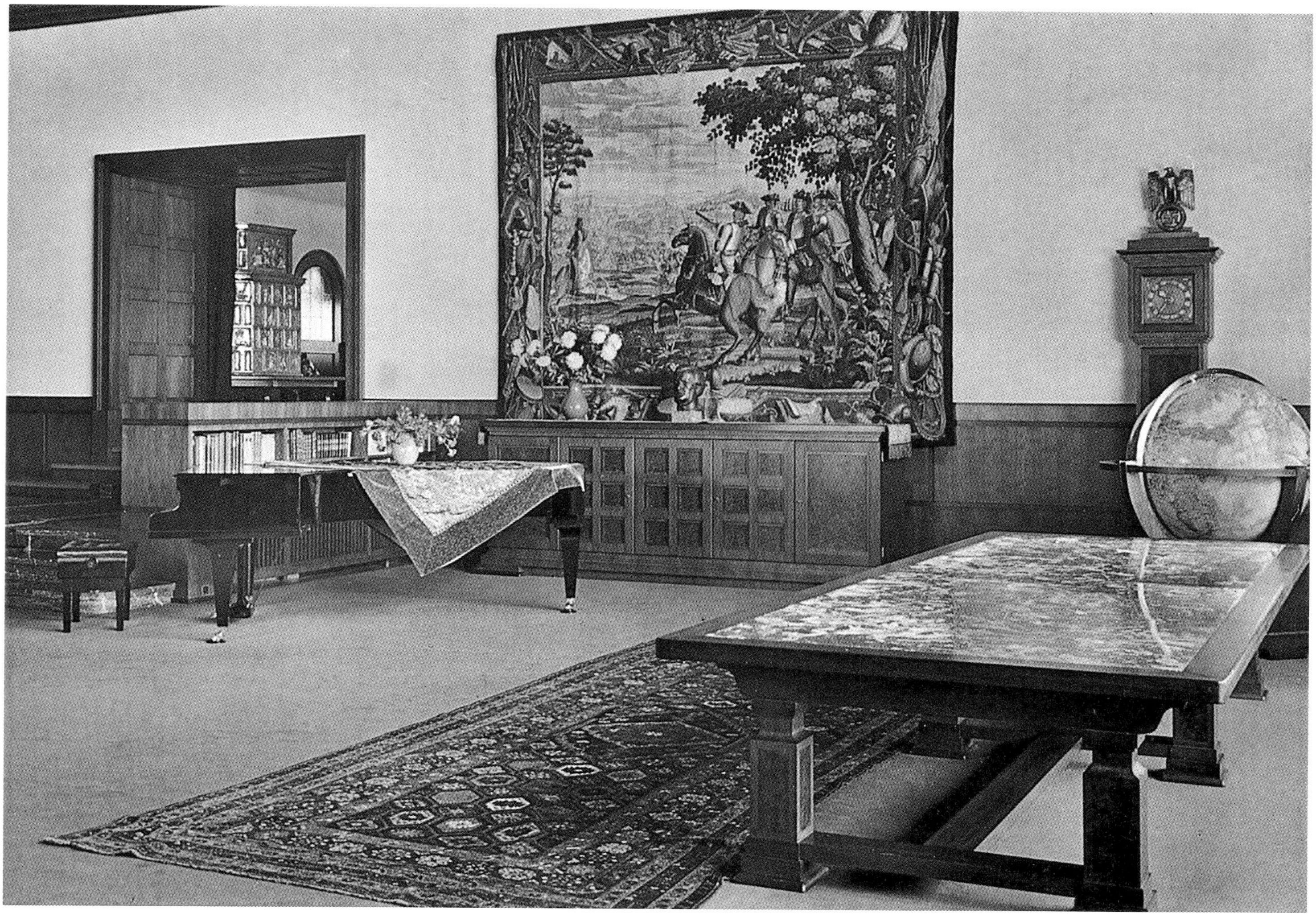

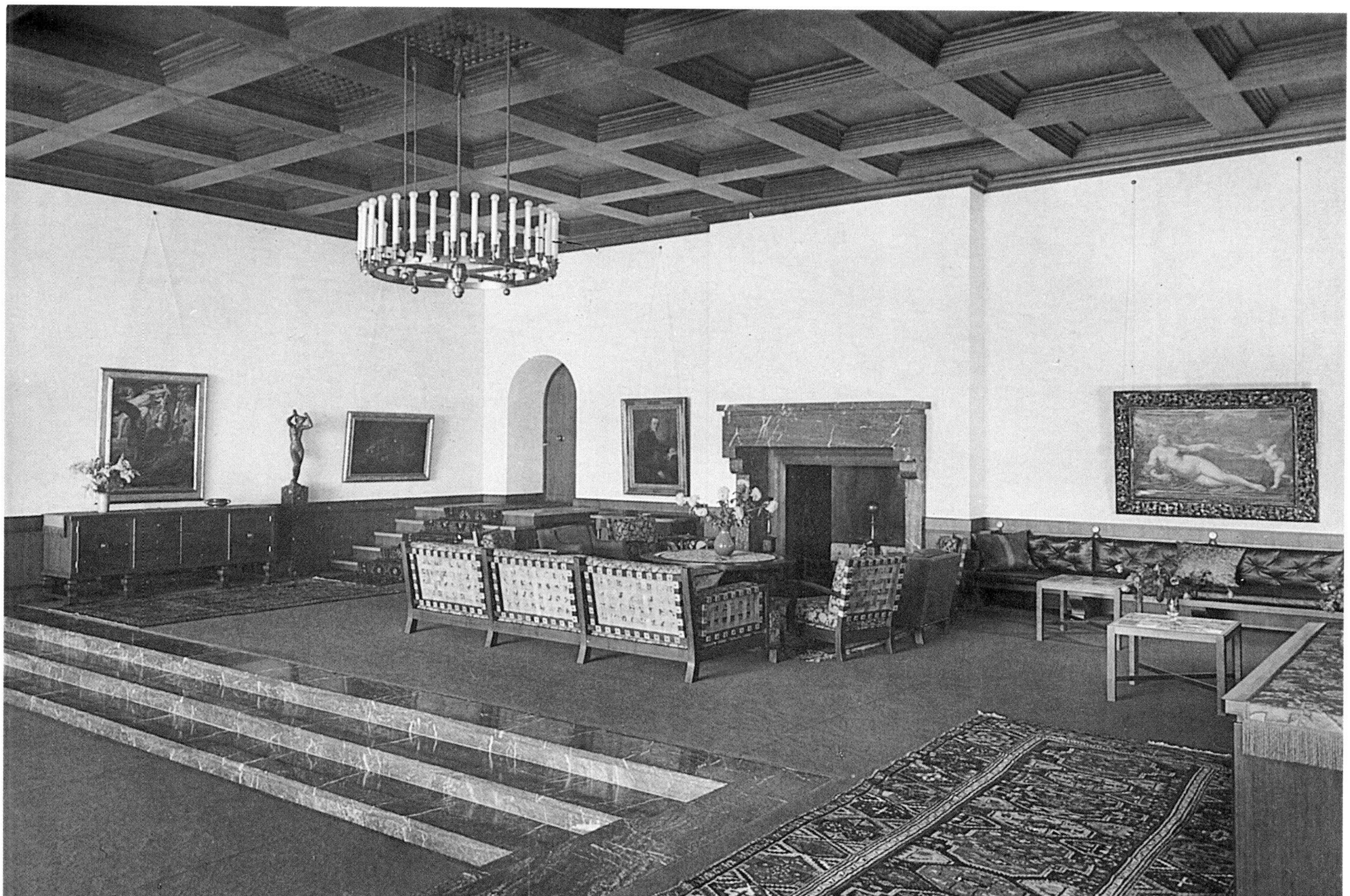

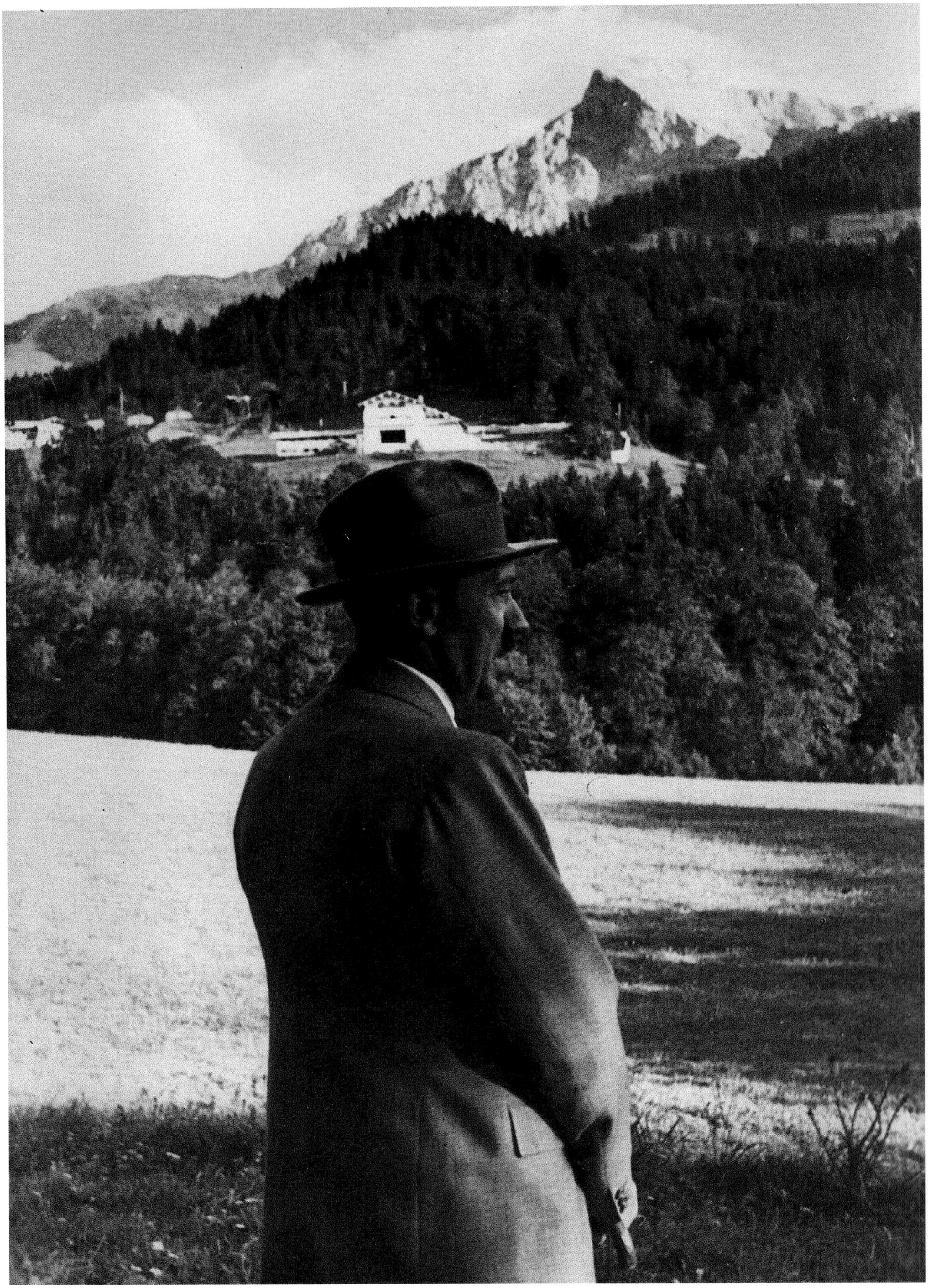

ßen Fensters nichts ändern (9m breit und 3,60m hoch) Es schloß den Konferenzraum nach Norden ab und gab den Blick auf den Untersberg und das Salzburger Land frei. Es war versenkbar und stellte eine handwerkliche Meisterleistung dar. Die Größe des Fensters hat nichts mit der Hitler sonst nachgesagten Gigantomanie zu tun. Die Große Halle hatte Nordlage. Direkte Sonneneinstrahlung fehlte. Dieser Mangel mußte dadurch ausgeglichen werden, daß möglichst viel Tageslicht einfluten konnte.

Vom großen Konferenzraum aus gab es einen gestuften Übergang zum ehemaligen Haus Wachenfeld. Dessen Veranda bildete den Ausgang zur großen Terrasse. Hier lag dem Besucher die einzigartige Schönheit des Berchtesgadener Landes zu Füßen.

Im Obergeschoß des Berghofes befand sich Hitlers Arbeitszimmer, dahinter sein Schlafzimmer, dahinter das von Eva Braun.

Der Speisesaal befand sich im Seitentrakt (Ostteil). Es schloß sich die Küche und die Wohnung für den Hausmeister an.
Im Oberstock gab es noch Gästezimmer. Der gesamte Gebäudekomplex umfaßte 121 Räume. Insgesamt hatte der Berghof 30 Räume. Bestes Baumaterial wurde verwendet. Marmor, Naturstein und edle Hölzer. Die Grundmauern jedoch bestanden aus Beton. Es gab bleigefaßte Fenster und kostbare Kachelöfen. Kostbare Teppiche wurden nur sparsam verwendet. An den Wänden hingen Bilder von Malern nach Hitlers Geschmack. Dazu gehörte der Wiener Hans Makart, Anselm von Feuerbach, Leibl, Defregger, Böcklin, ein Halbakt des Tizian-Schülers Bordone, Bilder der italienischen Renaissance, eine große Farbskizze Tiepolos, aber auch Eduard Grützner mit seinen weinseligen Mönchen, Idyllen von Spitzweg.

Ein Bismarck-Porträt Lenbachs hing über der großen Kommode im Korridor. Hitler sah sich als Nachfolger und Vollender seines Werkes. In Hitlers Schlafzimmer hing ein Bild seiner Mutter und eines von Geli Raubal.

Der flämische Gobelin in der Großen Halle konnte aufgerollt werden, um einem Kinovorführgerät Platz zu machen. Hitler sah sich leidenschaftlich gern Filme an, manchmal zwei Filme an einem Tag. Darunter ließ er sich auch solche vorführen, die der Zensur durch Goebbels nicht standgehalten hatten.

Der Berghof wurde am 8. Juli 1936 eingeweiht. Zur gleichen Zeit beendete Hitlers Halbschwester Angela Raubal dort ihre Tätigkeit. Es heißt, eine Intrige auf dem Nürnberger Parteitag sei vorausgegangen. Auf der Ehrentribühne habe sich Eva Braun auffallend benommen. Angela beschwerte sich bei ihrem Bruder über dessen Geliebte, zog aber den kürzeren. Eva Braun, die vorher bei Anwesenheit Hitlers auf dem Platterhof gewohnt hatte, bekam nun ihr Zimmer im Berghof zugewiesen. In der Haushaltsführung bekam sie ein gewisses Mitspracherecht. In der privaten Tischrunde saß sie meistens rechts neben Hitler. Rechts neben ihr saß Bormann.

**Oben: Große Halle mit Sitzecke und Blick zum Durchgang, der ins Haus Wachenfeld führt.
Mitte: Große Halle mit Sitzecke, geschmückt durch einen kostbaren flämischen Gobelin. Letzterer konnte aufgerollt werden. Dahinter befand sich ein Vorführraum mit zwei Kinovorführapparaten. Zugang für die Bedienung lag außerhalb.
Unten: Speisesaal mit Erker — Hitler saß stets in der Mitte der Tischbreitseite mit Blick zum Fenster. Auffällig die einfache Ausstattung. Sie stimmt mit Hitlers spartanischer Lebensführung überein.

Linke Seite: Adolf Hitler, im Hintergrund der Berghof mit dem Hohen Göll.**

Oben: Arbeitszimmer Hitlers im Berghof. Diesen Raum hat Hitler bis in die letzten Einzelheiten selbst entworfen und gezeichnet.
Unten: Angela Raubal, „Geli" genannt. Hitlers Nichte; Tochter seiner Halbschwester Angela Raubal. Es wird von einigen Historikern behauptet, sie sei Hitlers Geliebte gewesen. Hierfür gibt es keine Beweise. Unbestritten bleibt, daß er sie liebte. Sie erschoß sich am 18. September 1931.

Bei offiziellen Gelegenheiten durfte sie nicht in Erscheinung treten. Da regierte das Hausmeisterehepaar Mittlstraßer. Bei besonderen Empfängen kam der Hausintendant Kannenberg mit seiner Frau Freda aus der Führerwohnung in Berlin hinzu, um das Notwendige routiniert zu arrangieren.

Frau Kannenberg verstand es, die in der großen Halle herrschende Kühle durch Blumenarrangements zu beleben. Kannenberg selbst, klein, rundlich, springlebendig, wurde im engeren Kreis anstatt Hausintendant auch Hausintrigant genannt. „Er war schon ein kleiner Schieber", hieß es. Nun, er wußte die Vorteile seiner unerschütterlichen Stellung bei Hitler auszunutzen. (Schröder S. 57)

Übrigens Tischordnung. Für Hitler ein wichtiges Thema. Er warf immer noch einmal selbst einen Blick auf die gedeckte Tafel, ob auch wirklich nichts versäumt worden war. Wie sein Adjutant Richard Schulze Kossenz, der Ribbentrop nach Moskau begleitet hatte, berichtete, teilte Hitler diese Angewohnheit mit Stalin.

Um den Regierungssitz funktionsfähig zu gestalten, mußten die wichtigsten Paladine in Hitlers Nähe eine Bleibe finden. Außerdem mußten Unterbringungsmöglichkeiten für Staatsgäste geschaffen werden sowie eine Kaserne für die Bewachungstruppen (Wachkompanie).

Einer der ersten Gefolgsleute, die sich in Berchtesgaden ansiedelten, war Hermann Göring. Er baute sein

Rechte Seite: Hitler mit Eva Braun.

Die so friedlich und harmonisch wirkenden Aufnahmen von Hitler und Eva Braun im zweiten Teil dieser Broschüre, z.B. Seite 66, 73, 75, 98 – „Hitler als Kinderfreund"; Seite 70 und 82 – „Hitler als netter Nachbar"; 102 – „Eva Braun"; 135 bis 137 – „Göring privat"; waren reine Propagandabilder aus der Kamera Heinrich Hoffmanns und hatten nur den einen Zweck:

Dem Deutschen Volk einen wahren „Volkskanzler" glaubhaft zu machen.

All dies darf den Hintergrund nicht vergessen lassen. Ein totalitäres System, das Krieg, Vernichtung und Verderben heraufbeschwor, der Millionen unschuldiger Menschen das Leben kostete.

Die Farbseiten 86 bis 89 wurden von Eva Braun selbst gefilmt. Sie zeigen unwichtige „Kaffeeklatschidyllen" auf der Berghofterrasse, im Teehaus und am Kehlsteinhaus. Ebenso die Freizeitgestaltung einer Eva Braun.

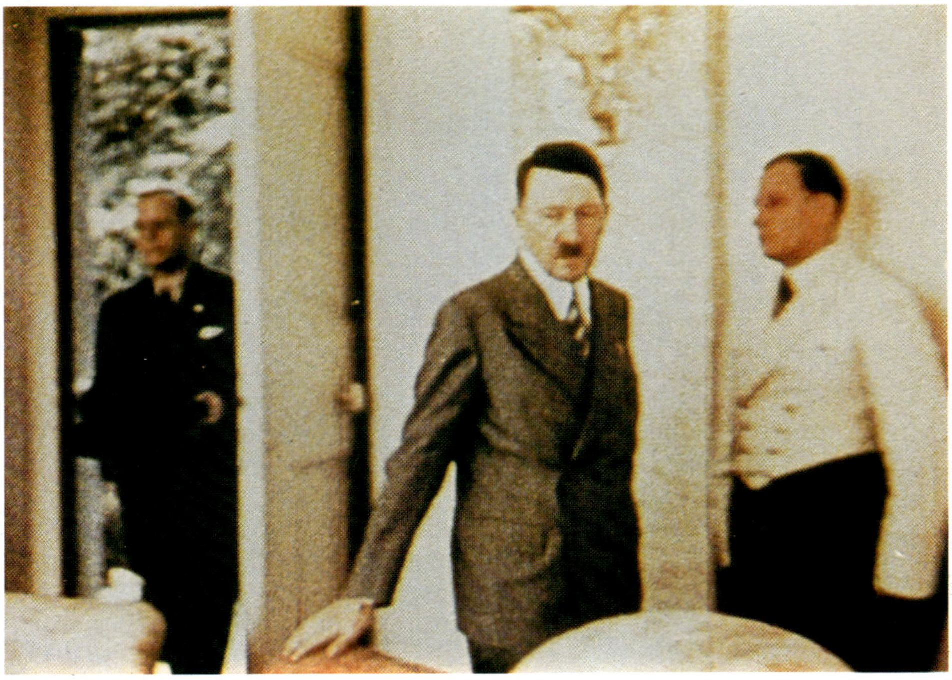
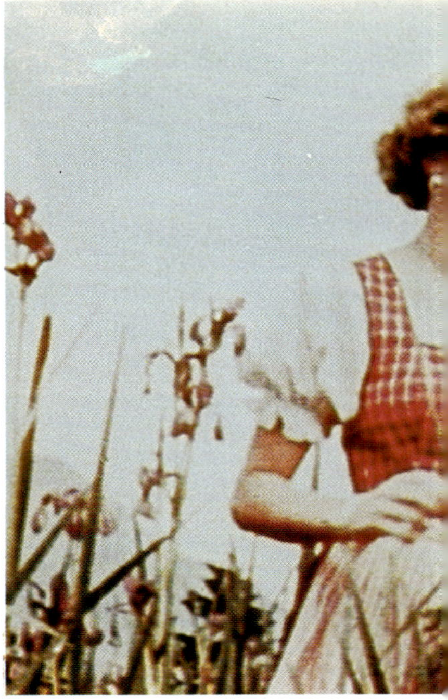
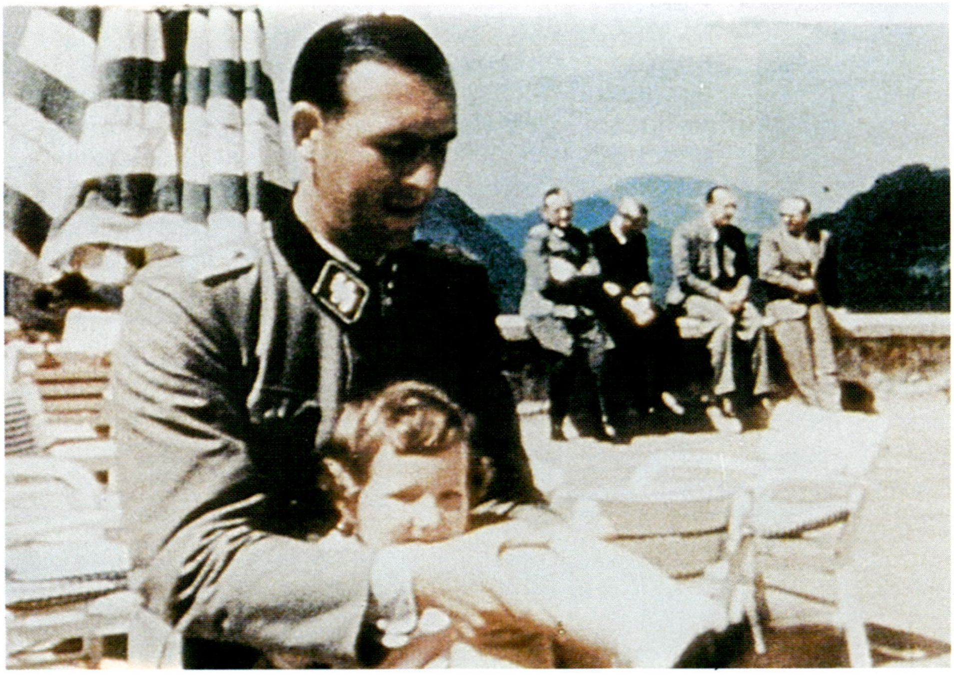
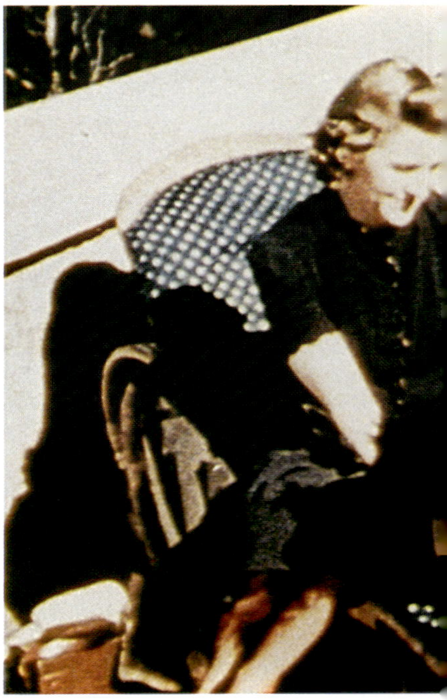
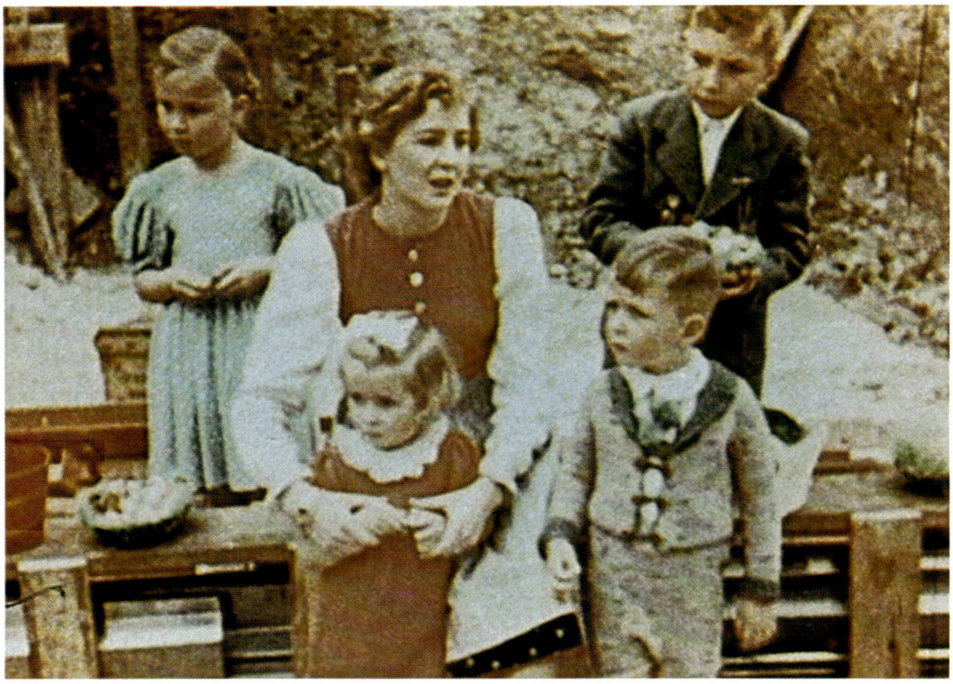
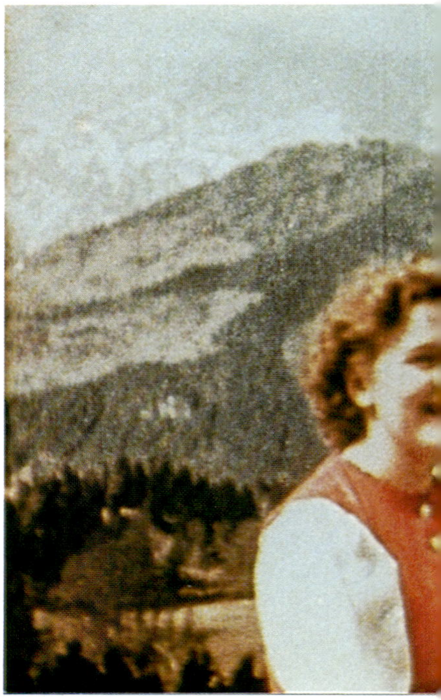

87

Oben: 1941. Eva Braun besucht eine öffentliche Badeanstalt.

Oben: Eva Braun 1942 auf der Berghofterrasse.
Mitte: Hitler und Eva Braun im Winter 1939/40 auf dem Weg zum Auto. (Berghoffreitreppe).

Landhaus auf dem „Eckerbichl", später Göringhügel genannt. Es folgte Bormann, der sich das frühere Kursanatorium Seitz zu einem großen Landhaus umbauen ließ. Es bot genügend Platz für seine große Familie mit elf Kindern, und lag so günstig auf der Anhöhe über dem Berghof, daß der Hausherr die Vorgänge dort gut übersehen konnte.

Als dritter im Bunde kam später noch Speer hinzu. Sein Landhaus errichtete er nahe der großen Straße, die über extreme Steilstrecken Berchtesgaden mit dem Obersalzberg verband. Diese Straße hatte auch zum vordringlichen Bauprogramm Bormanns gehört.

Die Rangfolge der drei genannten Mächtigsten nach Hitler drückte sich in der Nähe ihrer Häuser zum Berghof aus. Ihm am nächsten residierte Bormann. Dann erst kam Göring, dann mit gehörigem Abstand Speer. Dessen Landhaus befand sich nämlich außerhalb des umzäunten „Führerbereiches" nahe beim Gasthof Obersalzberg.

Für die persönliche Sicherheit Hitlers haftete der Reichssicherheitsdienst. Er war im Haus „Türken", wenige Meter vom Berghof entfernt, untergebracht. Militärischer Schutz und soldatische Repräsentanz auf dem Obersalzberg oblag der Wachkompanie. Sie wurde in Friedenszeit von der Leibstandarte Adolf Hitlers gestellt. Ihre Kaserne hatte der Architekt Roderich Fick gebaut. Sie lag auf dem Gelände des ehemaligen Bodnerlehens. Vier Hauptgebäude umschlossen den nahezu quadratischen Innenhof, der zum Exerzieren genügend Raum bot. Außerdem gab es noch eine Exerzier- und Turnhalle, eine unterirdische Schießanlage, Werkstätten, einen holzgetäfelten Unterrichts- und Kinosaal. Das Wirtschaftsgebäude mit Mannschaftsspeiseraum und Offizierskasino schloß das Geviert des Innenhofes nach Osten ab.

Für die Qualität des verwendeten Materials spricht die Tatsache, daß nach über 40 Jahren der Kernholzfußboden der Exerzierhalle trotz ungehinderter Witterungseinflüsse erhalten blieb. (Zerstörung des Gebäudes durch Bombenangriff.)

Der Platterhof, ehemals Pension Moritz, das Gästehaus „Hoher Göll", Haus Bechstein, alle drei mit gediegener Innenausstattung, im Stil dem des Berghofes angepaßt, dienten, wie auch das traditionsreiche Schloß Kleßheim bei Salzburg der Unterbringung von Staatsgästen.

Schließlich baute der „Herrgott vom Obersalzberg", wie Bormann oft ironisch zitiert wurde, noch den Gutshof mit 200 Tagwerk Wiesen und Ackerland. Es wurde Milchwirtschaft und Schweinezucht betrieben. Eine große Apfelmosterei belieferte nicht nur den Berghof, sondern auch die nähere und weitere Umgebung.

Eine Zucht edler Haflinger Pferde rundete die Aufgaben des Gasthofes ab. Später kam auch ein großes Gewächshaus hinzu, das den Berghof mit dem von Hitler bevorzugten Frischgemüse belieferte. Mit der Einweihung des Berghofes begann Hitler den Obersalzberg als Instrument der Macht erst richtig zu nutzen. Danach gibt es nur noch wenige politische Entscheidungen, vor

Oben: Musiker der Wachkompanie (LAH).
Unten: Hitler und Göring besprechen den Vierjahresplan während eines Spazierganges in die Umgebung des Berghofes. September 1936.

Landhaus Göring. Aquarell des Autors.

Der Gutshof Obersalzberg.

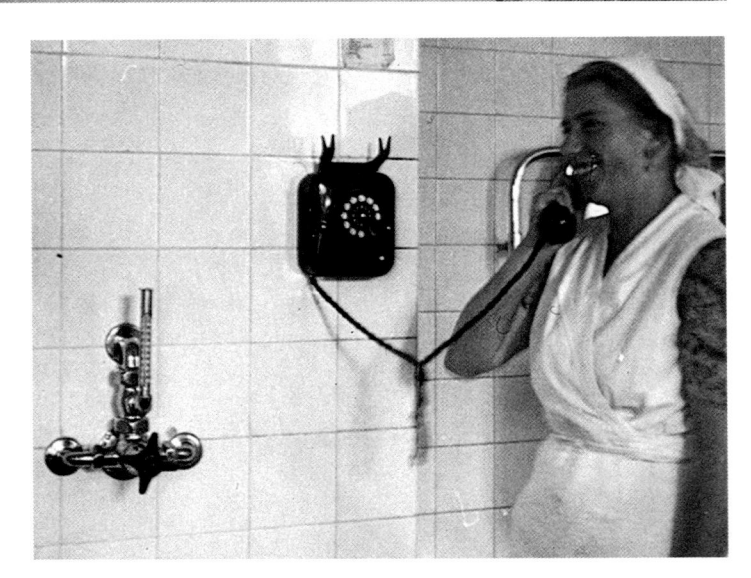

Oben: Letztes Postenhaus vor der Einfahrt in das engere Führergebiet. Links unten Teile des Kasernengebietes.
Mitte: Kaserne Obersalzberg mit Haus Bormann und dem großen Gewächshaus.
Unten links: Wachposten vor dem Berghof.
Unten rechts: Küchenleiterin der SS-Kaserne bei der Durchsage ihrer Bestellungen.

Rechte Seite: Haus Bormann. Aquarell des Autors.

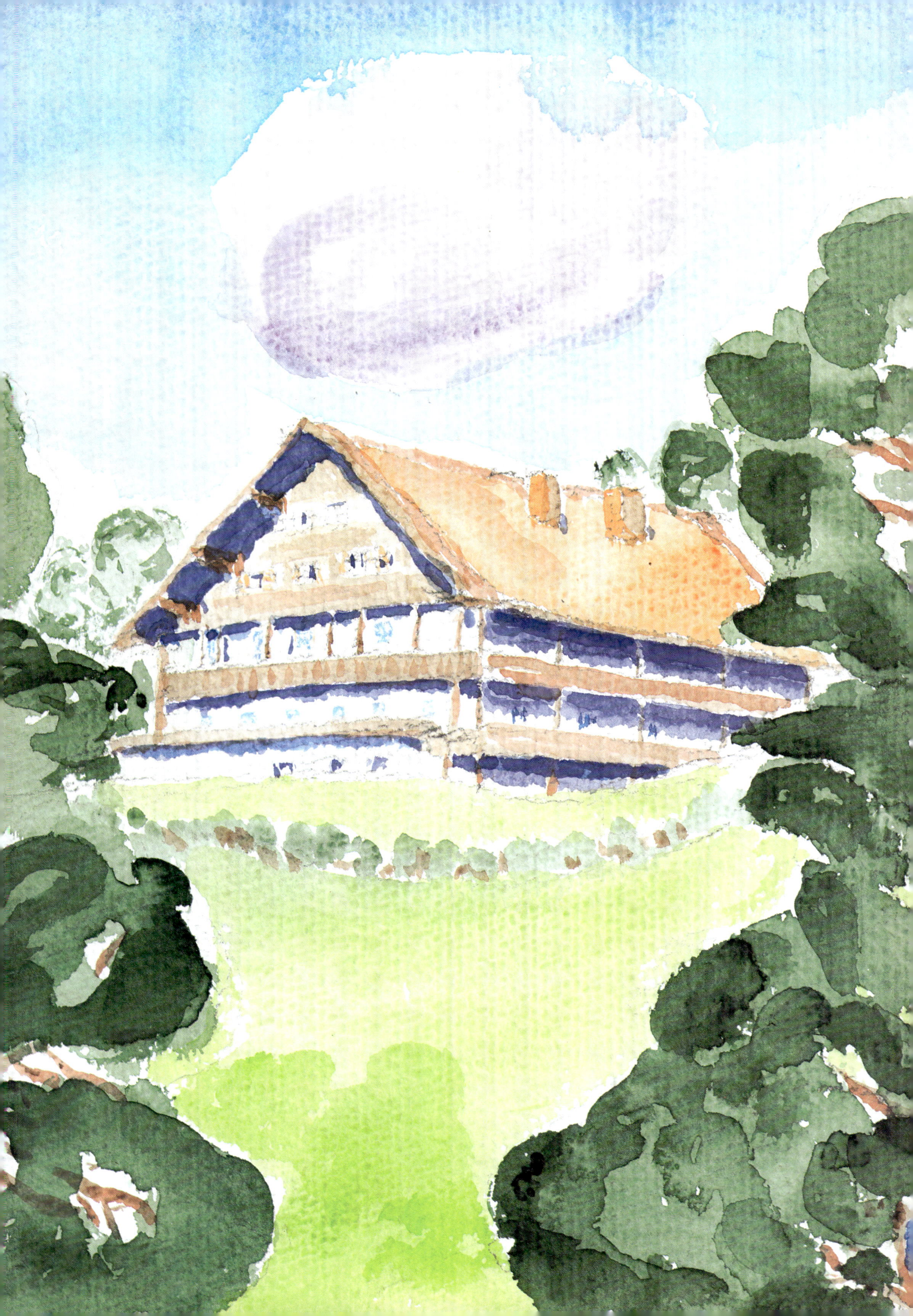

Kasernengebäude

nesse, Kantine, Verwaltung Garage

Turnhalle

Oben: Kaserne Obersalzberg. Im Hintergrund das Gewächshaus.
Linke Seite unten: Kaserne Obersalzberg; Mannschaftsspeisesaal (Kantine).

Links: Sandkastenunterricht in der Exerzier- und Sporthalle.
Rechts: Musikkapelle der Wachkompanie.

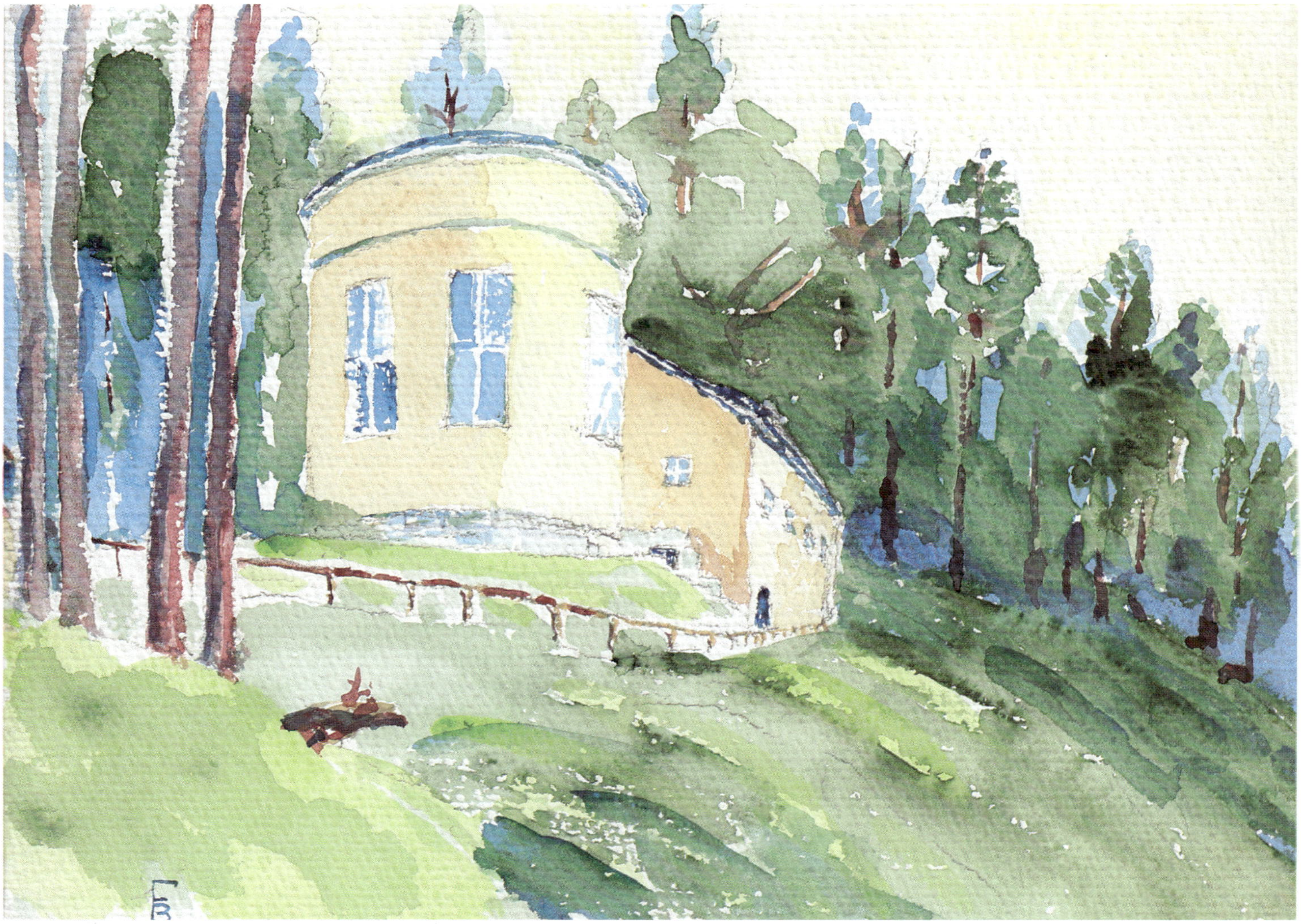

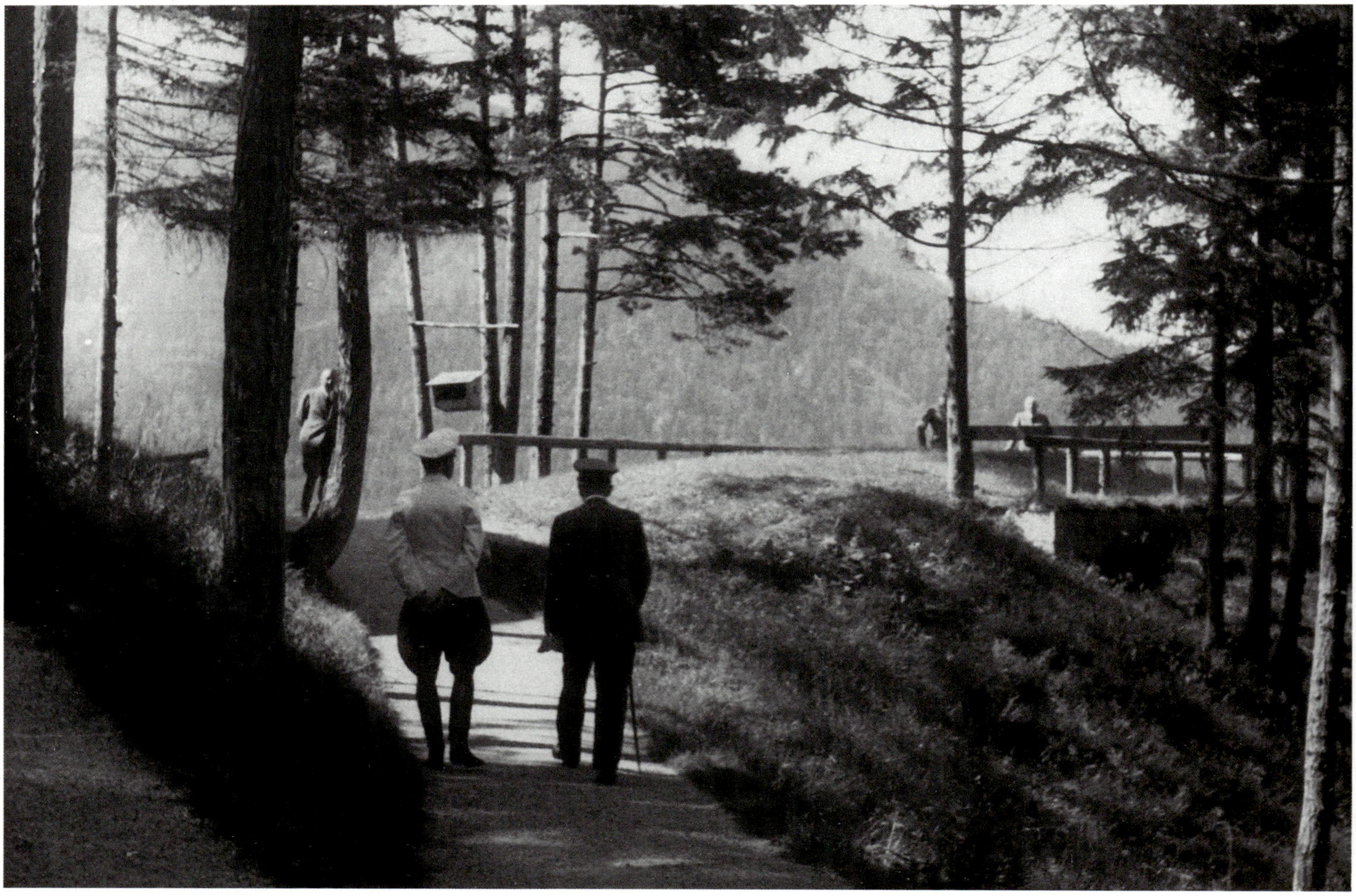

smesse, Kantine, Verwaltung Garage

Turnhalle

Oben: Kaserne Obersalzberg. Im Hintergrund das Gewächshaus.
Linke Seite unten: Kaserne Obersalzberg; Mannschaftsspeisesaal (Kantine).

Links: Sandkastenunterricht in der Exerzier- und Sporthalle.
Rechts: Musikkapelle der Wachkompanie.

96

Linke Seite oben: Das Teehaus (Pavillon) am Mooslanerkopf, im Jahre 1937 erbaut. Aquarell vom Autor. Während Hitlers Aufenthalt auf dem Obersalzberg gehört es zum Ritual, dort am Nachmittag den Tee einzunehmen. Einfache schlichte Bauweise zeichnete diese formschöne Kreation von Prof. Rodrich Fick aus. Ein runder Tisch im Rundbau bot Sitzgelegenheit für 8 Personen. Wirtschaftsräume mit Platz für die Wachen befanden sich im Langhaus.
Linke Seite unten und rechte Seite: Hitler auf Spaziergängen vom oder zum Teehaus.

allem solche außenpolitischer Natur, die nicht auf dem Obersalzberg gefallen sind.

Hitler regierte vom Obersalzberg aus. Bei wichtigen Entscheidungen zog er manchmal den Fachminister zu. Der mußte sich auf die Reise machen von Berlin nach Berchtesgaden, mußte „unten" in einem Hotel Berchtesgadens auf seinen Termin warten, bis er auf dem Berg vorgelassen wurde. In Berlin bei der Kabinettssitzung hätte er einem Hitler als primus inter pares gegenübergesessen. Auf dem Obersalzberg nahm der Minister Hitlers Entscheidung entgegen. Einwände, die er vielleicht vorbrachte, wurden durch Hitlers blitzschnelles Erfassen der Sachlage, durch seine legendäre Überzeugungskraft vom Tisch gewischt. Sachliche Argumente, die ihm dann vielleicht noch einfielen, wurden durch eine Überzahl von Gegenargumenten entkräftet, die Hitler kraft seines phänomenalen Gedächtnisses stets zur Hand hatte. Wie weit die Souveränität seiner Regierungsweise vom Obersalzberg aus gehen konnte, zeigt zum Beispiel das Datum März 1935. Damals verbarg sich Hitler im Haus Wachenfeld, um unbeeinflußt von seinen Generälen Pläne zur Wiedereinführung der Wehrpflicht zu erstellen.

Oder der November 1937, als Hitler sich auf den Berghof zurückzog, um der Kritik seines Außenministers von Neurath und der seiner Generäle von Fritsch und Beck zu entgehen, die sich an Hitlers Plänen zum Einmarsch in Österreich und Böhmen entzündet hatte.

Das Kehlsteinhaus

Mit dem Bau des Kehlsteinhauses erfuhr der Ausbau des Obersalzberges im wahren Sinne des Wortes seine Krönung.

Es thront knapp 800m hoch über dem Berghof auf einem schroffen Felsen. Von dort aus führt eine Gratwanderung über die Mannlköpfe zum „Hohen Göll", der höchsten Erhebung dieses Gebirgsmassivs mit einer Höhe von 2522m über dem Meeresspiegel. Im Winter verwehrten die Schneemassen des Hochgebirges den Zutritt und im Sommer fürchtete Hitler die Höhenluft. Er war nicht schwindelfrei und außerdem gab es da oben im Sommer die erhöhte Blitzschlaggefahr. Was also hatte ihn veranlaßt, hier seinen Adlerhorst (Eagle's nest, wie die Amerikaner sagen) zu bauen?

Im Tagebuch Bormanns wird der Kehlstein erstmals am 3. 11. 1936 erwähnt. Dort heißt es:
„Besprechung mit Dr. Todt wegen Baus der Kehlstein-

**Oben: Blick auf Kehlstein und Watzmann von Oberau aus gesehen. Pastellzeichnung des Autors.
Linke Seite oben: Hitler wandert in den Bergen.
Linke Seite unten: Hitler mit den Kindern von Albert Speer auf der Berghofterrasse. Im Hintergrund die Adjutantur. Rechts im Bild Eva Braun. Foto Sommer 1937.**

straße." Am 18. 11. 1936 heißt es: „Grenzbegehung zum Kehlstein." Am 22. 8. 1937: „Besichtigung der gesamten Trasse der Kehlsteinstraße mit Dr. Todt; Besichtigung des Bergrutsches oberhalb der Rabenwand."
Am 23. 8. 1937: „Mit Dr. Todt und Prof. Fick zum Kehlstein. Grundrißfestlegung."

Aus den Tagebuchnotizen läßt sich ablesen, welche Schwierigkeiten überwunden werden mußten, um allein die Kehlsteinstraße bis dicht unter den Bauplatz Kehlsteinhaus voranzutreiben. So heißt es auch an anderer Stelle des Bormannschen Notizbuches: Antreiben, antreiben, antreiben!

Bergrutsche, Schneetreiben, Abstürze von Männern und schwerem Gerät. Mit unermüdlicher Energie jagt es Bormann immer wieder hoch zum Schauplatz seines abenteuerlichen Bauvorhabens, als seien Furien hinter ihm her.

Das Kehlsteinhaus wurde zum 50. Geburtstag Hitlers am 20. April 1939 eingeweiht. Ein Wunderwerk höchster Baukunst, eine gigantische Leistung tüchtiger Ingenieure und Arbeiter war mit atemberaubender Schnelligkeit fertiggestellt worden.

Meter um Meter war die Fahrstraße dem Felsen abgetrotzt worden. Wo es gar nicht mehr weitergehen wollte, halfen Untertunnelungen. Mit einer Gesamtlänge von

7km windet sich die Kehlsteinstraße bergwärts. Eine sehr scharfe Kurve und nur eine Kehre, auch an jäh abstürzenden Felswänden vorüber. Unterhalb des Berggipfels endet diese einzigartige Alpenstraße auf einem großen Parkplatz. Von hier aus trieb man einen 3m hohen Stollen 130m tief in den Berg, dessen Ende durch einen Lift mit dem Bauplatz verbunden wurde. Er überwand die letzte Höhendifferenz von 130m

Die Ausmaße des Kehlsteinhauses sind der Enge des Bauplatzes angepaßt. Ein kleines Felsplateau in luftiger Höhe über dem Berchtesgadener Land. Ein Speisesaal, ein Arbeitsraum, Teeraum, Küche, Wirtschaftskeller und so weiter. Verarbeitet wurde Zirbel- oder Ulmenholz für die Verschalung. Böden aus rotem Marmor, Kupfer- oder Broncetüren. Warmluftheizung. 30 Millionen Reichsmark Baukosten.

Es wird immer wieder behauptet, Bormann habe den Bau des Kehlsteinhauses gegen den Wunsch Hitlers durchgesetzt. Diese von Anbeginn kursierende Legende wurde von Hitler stillschweigend geduldet. Trotzdem stieg der „Ungehorsame" während der Bauzeit von der verhältnismäßig unbedeutenden Position eines Mitarbeiters des damaligen Reichsministers Rudolf Heß, zum persönlichen Vertrauensmann Hitlers auf, alle Stufen der NS-Hierarchie mühelos überspringend. Das sieht nicht nach Verärgerung Hitlers aus. Im Gegenteil, Bormann hatte trotz oder vielmehr wegen des Kehlsteinunternehmens Karriere gemacht. Andere mochten sich mit großen politischen, militärischen oder wirtschaftlichen Aufgaben befassen, auf diesen Feldern Macht und Einfluß suchen und auch gewinnen. Bormann saß am längeren Hebel. Er begnügte sich damit, Hitlers geheimste Wünsche, Ängste oder Schwächen

Linke Seite: Momentaufnahme vom waghalsigen Bau der Kehlsteinstraße.

Links: Hilfsstraße zum Kehlstein. Sie wurde eigens für die termingerechte Fertigstellung des Kehlsteinhauses gebaut.

Unten: So forderte der Bau des Kehlsteinhauses seine Opfer. Das Bild zeigt einen LKW, der an einer Steilwand in den Abgrund gestürzt war.

Nächste Seite oben: Das Kehlsteinhaus.
Unten: Eva Braun sonnt sich auf dem Kehlsteinhaus. Im Hintergrund der Hohe Göll.
Übernächste Seite: Blick auf den Kehlstein. Aquarell des Autors.

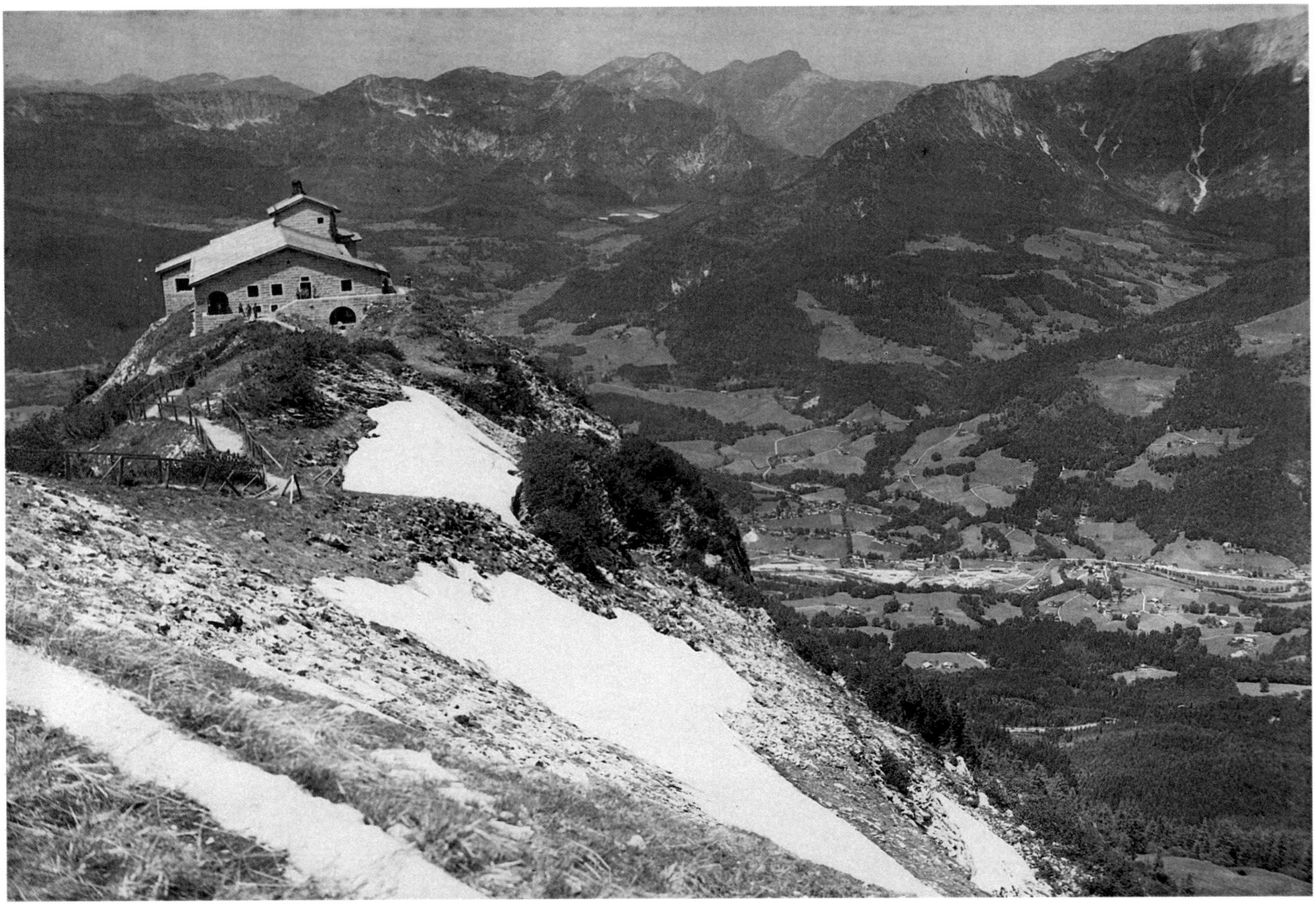

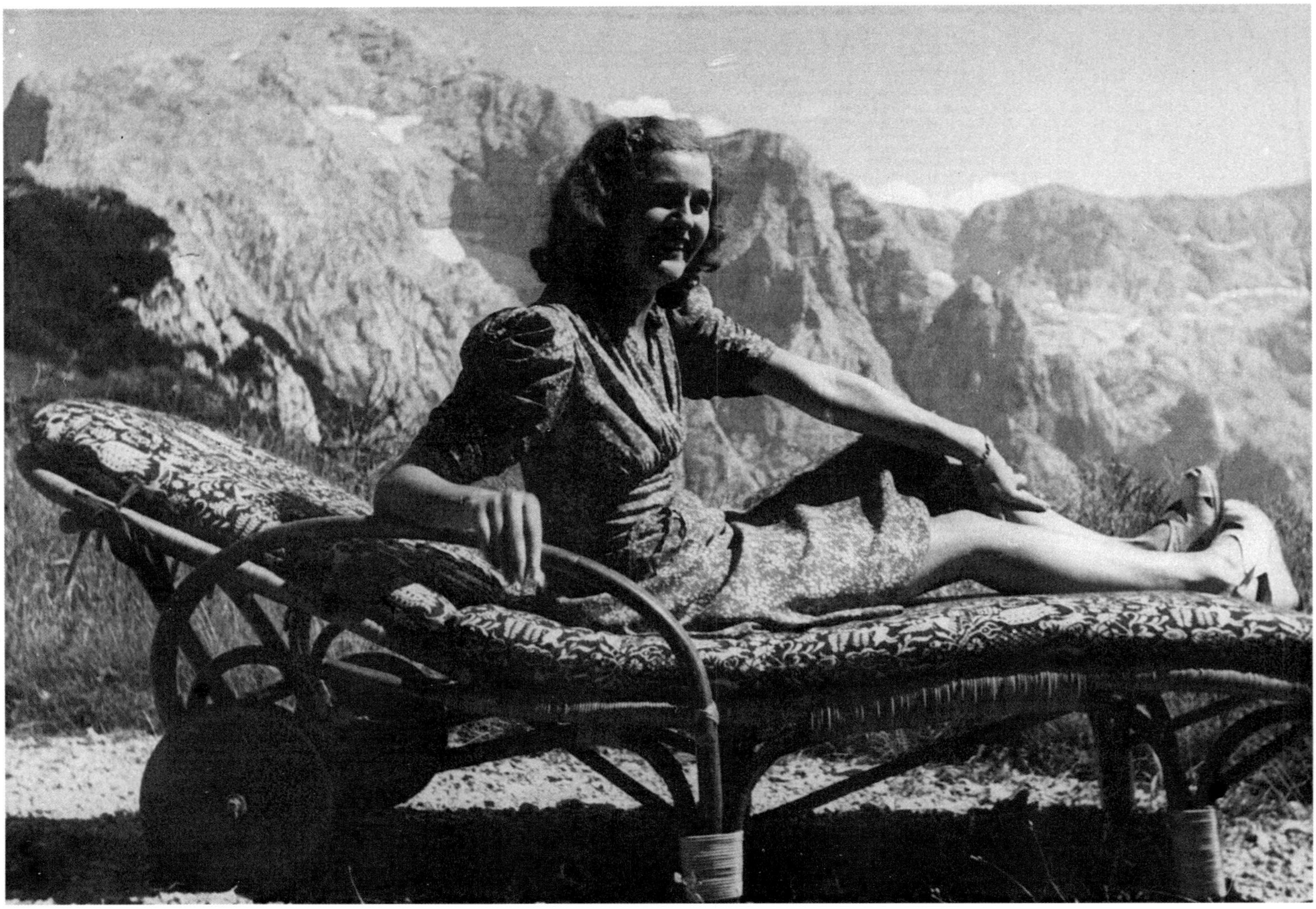

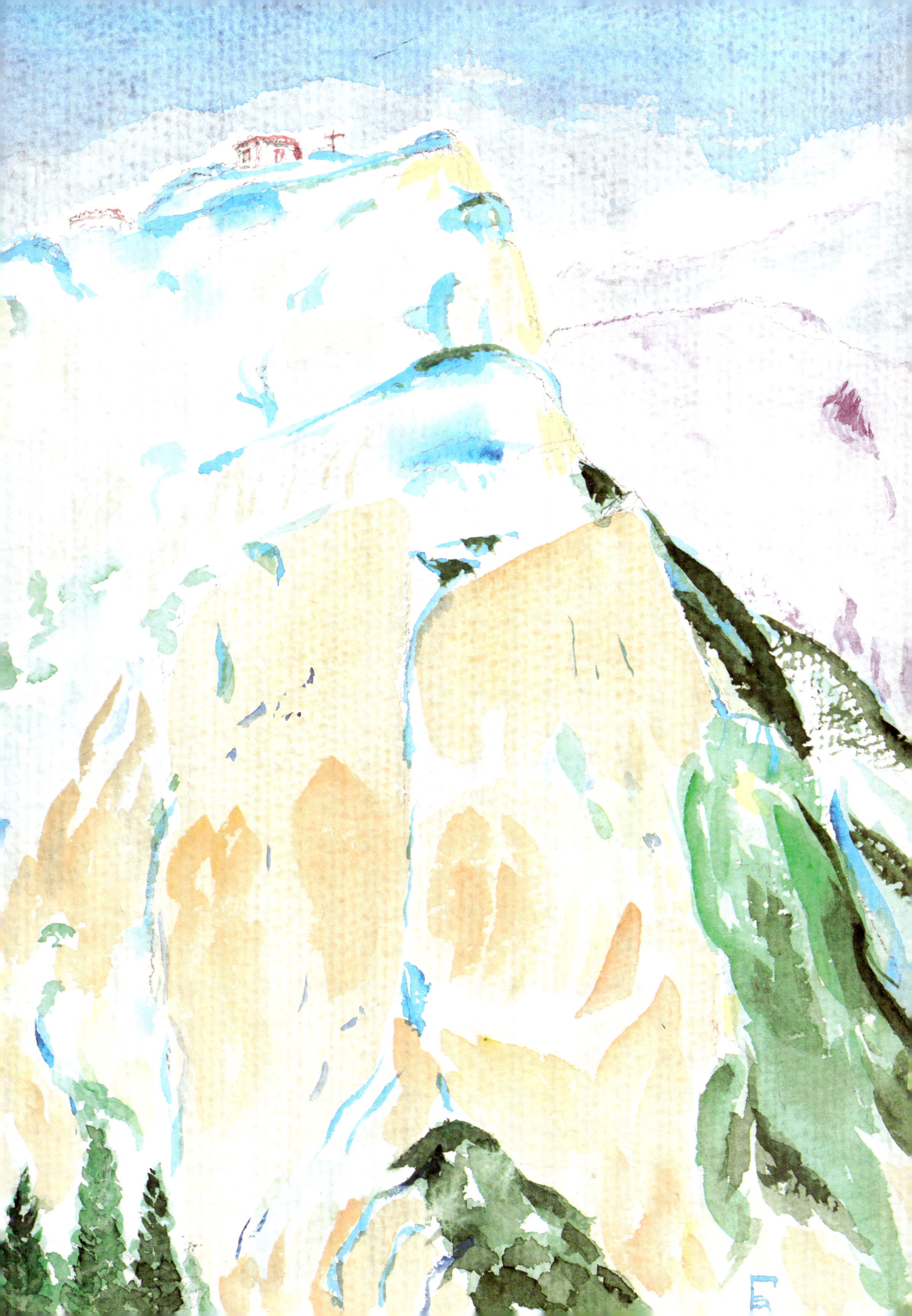

zu erkunden und zu bedienen. Er machte mit Unpolitischem Politik. Wünschte Hitler bis 10.00 Uhr früh Ruhe auf dem Berghof, er sorgte für Ruhe. Wünschte Hitler die Schonung von Wild und Vogelwelt, Bormann fütterte die Tiere des Obersalzberges und erließ Abschußverbote. Wünschte Hitler vegetarische Kost, Bormann sorgte für die geeignete Küche und die richtigen Rezepte, baute ein Gewächshaus für den Nachschub. Wünschte Hitler Aussicht in eine bestimmte Gegend, Bormann beseitigte alles, Häuser und Bäume, die diese Aussicht verstellten. Wünschte Hitler Stillschweigen über bestimmte Themen, die seine Jugendjahre in Wien oder in München betrafen, Bormann veranlaßte Wissensträger zum Schweigen. Wünschte Hitler Stillschweigen über sein Liebesleben der letzten Jahre, Geli Raubal oder Eva Braun, Bormann erfüllte auch persönlichste Wünsche seines Chefs, lautlos und pünktlich. Sollte der Bau des Kehlsteinhauses hierbei eine Ausnahme machen?

Es ist schwer vorstellbar, daß Bormann seinen Führer hierzu überreden mußte. Einen solchen Kraftakt gegen den Willen Hitlers hätte er niemals gewagt und aus taktischen Gründen auch nicht versucht. Nein, viel näher liegt die Vermutung, daß Hitler ihm einen versteckten Wink gegeben hatte. Hitler wünschte, daß Bormann ihn zur Verwirklichung der Kehlsteinidee überredete. Die Verantwortung dafür sollte Bormann tragen. Denn, wie hätte Hitler dieses Bauabenteuer rechtfertigen sollen?

Repräsentation? Dafür lag es zu hoch, im Winter nahezu unerreichbar; war es zu klein für Konferenzen und selbst für Besprechungen im kleinen Kreis ungeeignet, auch wenn die genannten Bedingungen günstiger gewesen wären, Hitler war nicht schwindelfrei, fürchtete sich vor Blitzschlag und – vor Attentaten.

Und dennoch geheimer Wunsch Hitlers? Ja. J. von Lang schreibt hierzu in seinem Buch „Der Sekretär" unter anderem auf Seite 114:

„Doch Mitte Oktober 1938, nach den Erfolgen Österreich und Sudetenland, kaum auf den Obersalzberg zurückgekehrt, zeigte Hitler seine Attraktion (Kehlsteinhaus) abermals und tagelang nacheinander" – nun folgt die Nennung einer ganzen Reihe bekannter Namen dieser Zeit. Im nächsten Abschnitt fährt Lang fort: „Dann freilich reißt die Kette der Kehlsteintrips ab. Das Spielzeug war nicht mehr neu" – Hitler mied den Kehlsteinfelsen.

Für Bormann allerdings hatte er seinen Zweck erfüllt. Hitler wußte nun endgültig, wer ihm jeden, aber auch jeden Wunsch erfüllen würde.

Gegen Ende des Krieges soll Hitler Kritikern Bormanns gegenüber einmal gesagt haben:
„Hätte ich doch besser sieben Bormanns."

Mit dem Bau des Kehlsteinhauses hat Hitler dem Machtinstrument Obersalzberg erst die gehörige Schärfe verliehen. Nun wußte er, wie weit er mit seinen Anforderungen gehen konnte, nämlich bis an die Grenze zum Unsinn, wußte er, wer blindlings bereit war, diese Waffe in seinem Auftrag zu führen: Bormann.

Ein Bormann war es, der den Satz prägte: „Eine Ministeruniform ist kein Ausweis." Wer Zutritt zum Obersalzberg und damit zu Hitler haben wollte, benötigte Bormanns Unterschrift. Der „Herrgott des Obersalzberges", der Erbauer des Kehlsteinhauses, stieg zum zweiten Mann im Staate auf. So sah die Pyramide der Macht beim Beginn des zweiten Weltkrieges in Deutschland aus.

Die Vorgeschichte des Kehlsteinhauses dokumentiert Hitlers blindes Vertrauen, das er in Bormanns Gefolgschaftstreue setzte. Es erhebt sich die Frage, ob der sklavische Gehorsam Bormanns nicht seine zwei Seiten hatte? Gewann Bormann damit vielleicht eine Handlungsfreiheit, die er gegen seinen Herrn und Meister zu nutzen wußte?

Es gibt Untersuchungen, die Bormanns Rolle als zweitmächtigster Mann des dritten Reiches nach Hitler neu definieren. War Bormann ein Agent Stalins? (H.M. Beer)

Oben: 124 m langer Zugang zum Lift, der in das Innere des Hauses führt.

Rechte Seite oben: Hitler und Josef Goebbels am Kamin des Kehlsteinhauses. Links im Bild die kleine Helga Goebbels.

Rechte Seite unten: Martin Bormann, der „Herrgott vom Obersalzberg".

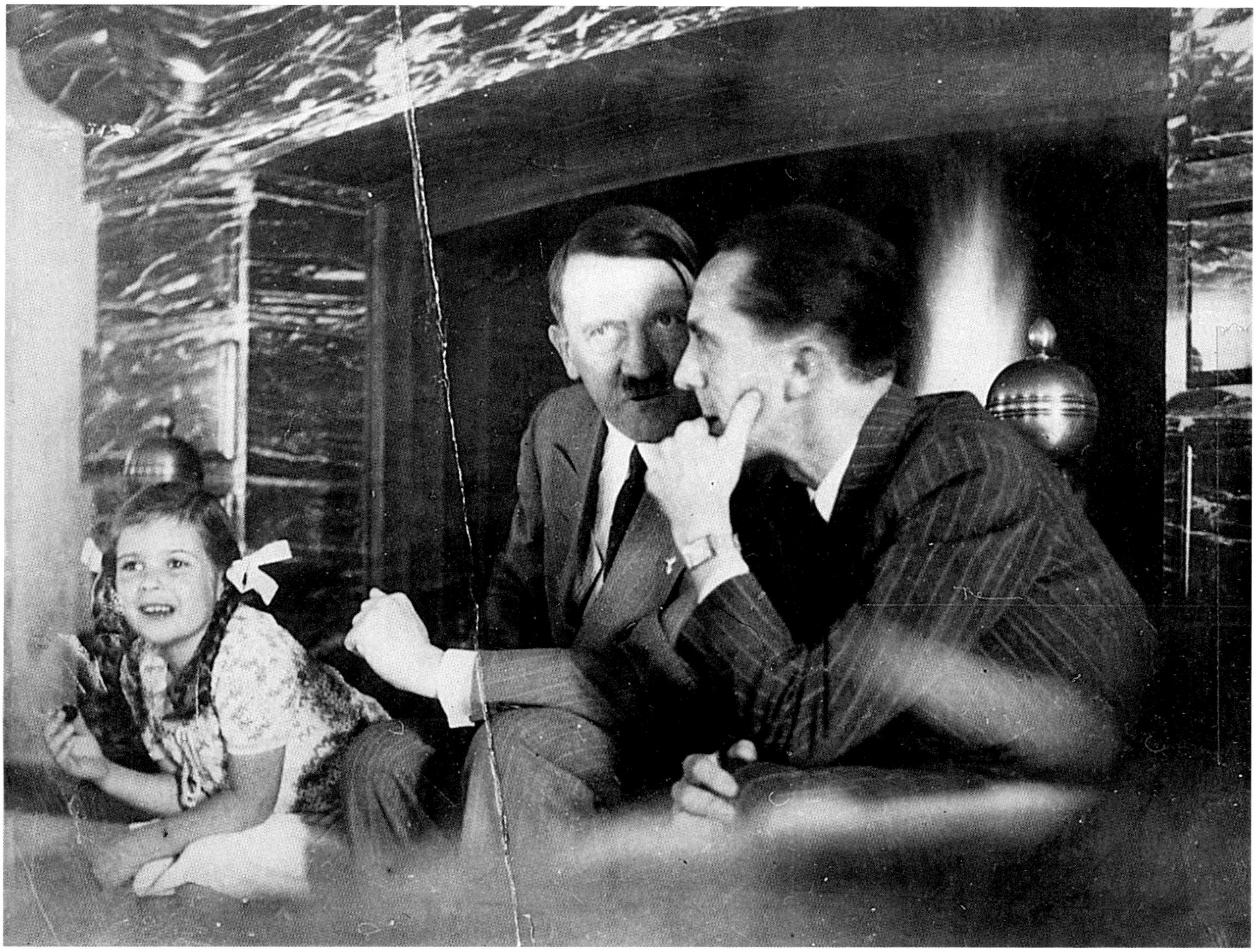

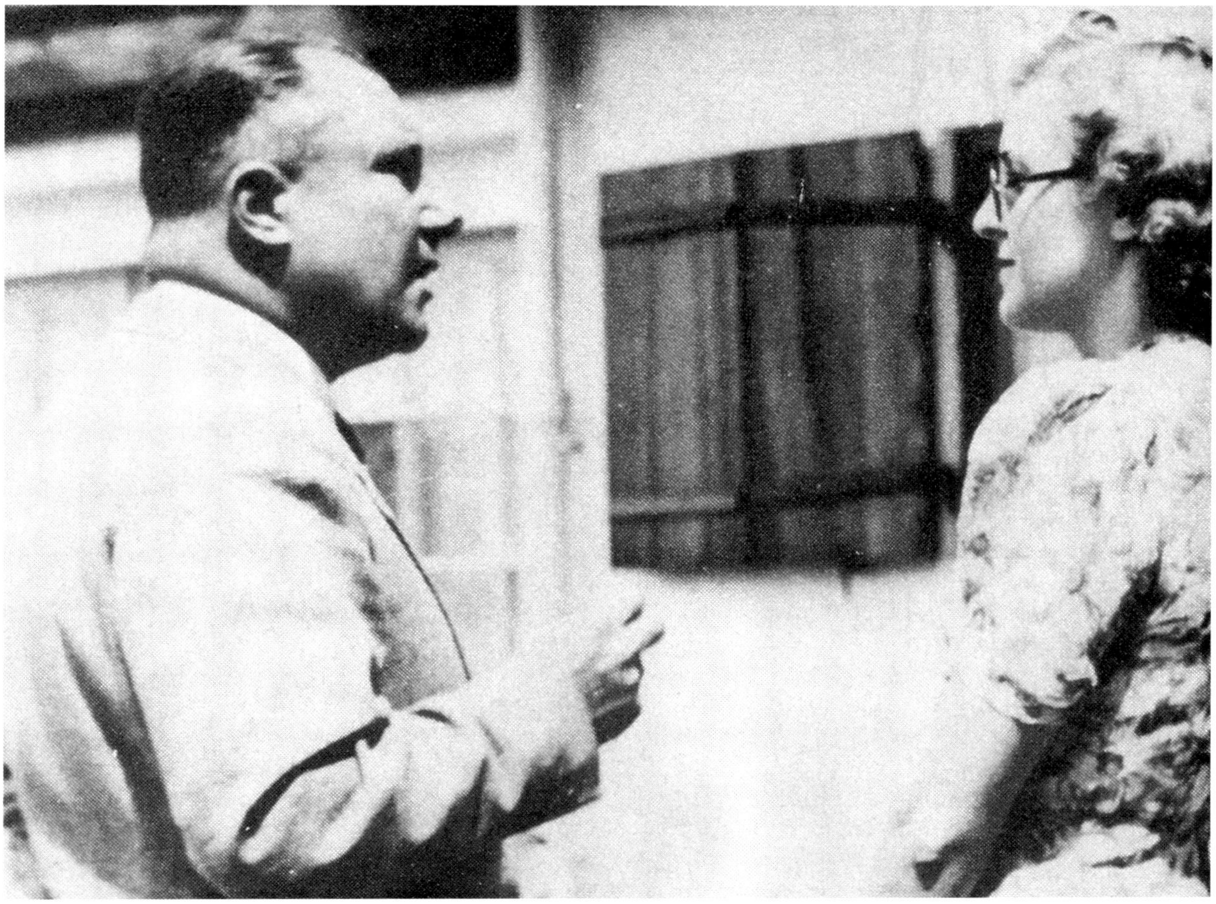

Diplomatie am Obersalzberg

War das Ansehen Hitlers in der Welt vor dem Tag seiner Berufung zum deutschen Reichskanzler (30. 1. 1933) schon so sehr gestiegen, daß selbst Churchill neugierig wurde und ihn 1932 zu einem Essen im Hotel Regina in München einlud, so gelangte es nach diesem Datum erst zu seinem Zenit. Die letzten Zweifler und Ungläubigen im eigenen Lande wurden schwach. Regte sich immer noch ein Fünkchen Kritik in ihnen am unglaublichen Ereignis „Hitler", so brauchten sie nur auf den Obersalzberg zu blicken, um auch dieses zu ersticken. Das Zentrum des 3. Reiches lag, inzwischen für alle Welt deutlich sichtbar, auf dem Obersalzberg. Hier wurden die Ereignisse bis zum Kriegsausbruch am 1. 9. 1939 durchdacht, beschlossen und ausgelöst. Damit aber nicht genug. Die Großen der Welt pilgerten zum Obersalzberg. Sie kamen, sprachen mit dem Diktator und gingen wieder, versehen mit den Weihen des „Berges".

Nur einer nicht. Churchill. Seine Münchner Einladung hatte Hitler damals mit brüskierendem Vorwand (Ernst (Putzi) Hanfstaengl) ausgeschlagen, ohne zu ahnen, was für ein Gegner ihm hier erwachsen sollte. Das deutsche Volk aber nahm das Schauspiel Obersalzberg mit wachsendem Staunen zur Kenntnis. Besucher waren unter anderen:

Lloyd George

Dieser britische Politiker besuchte Hitler am 4. 9. 1936 auf dem Obersalzberg. Er war 1916 als Liberaler an die Spitze des englischen Kriegskabinetts getreten und wurde als die Verkörperung britischen Kriegswillens angesehen. Mit seinem Namen ist die für England und die Alliierten siegreiche Beendigung des 1. Weltkrieges eng verknüpft. Auf der Pariser Friedenskonferenz 1919 in Paris drang er auf Mäßigung gegenüber dem unterlegenen Kriegsgegner. Vergebens.

Im gleichen Maße, wie er sich für eine vernünftige Behandlung Deutschlands einsetzte, er warnte immer wieder vor der bolschewistischen Gefahr, schwand sein politischer Einfluß. Sein Verständnis für das wiedererstarkende Deutschland tat ein Übriges.

Dieser prominente Besucher war von der Lage des Berghofes beeindruckt. Er lobte das Haus und seine Einrichtung. Er lobte aber auch die Regierungsmaßnahmen Hitlers, Beseitigung der Arbeitslosigkeit und die sozialen Einrichtungen der deutschen Arbeitsfront (Robert Ley). Dieses Gespräch blieb für das weitere Geschehen nicht ohne Folge. Lloyd George eröffnete Hitler, daß die Alliierten 1918 kurz vor einem Waffenstillstandsgesuch gestanden hätten. Die deutsche Novemberrevolution 1918 und die darauf eingeleitete Kapitulation Deutschlands habe sie vor einer Niederlage bewahrt. Hitler verwies später immer wieder auf dieses Gespräch und sagte: „Diesmal kämpfen wir bis fünf Minuten nach zwölf."

Oben: Hitler empfängt Loyd George und kommt ihm auf der Freitreppe des Berghofes weit entgegen. Unten und Bilder rechte Seite: Loyd George auf dem Berghof mit seinen Gesprächspartnern: Hitler, von Ribbentrop, Staatssekretär Meißner.

107

Graf Ciano mit Gefolge trifft auf dem Berghof ein.

Unten: Hitler, von Ribbentrop und Graf Ciano (v.l.n.r.) am großen Fenster der Großen Halle.

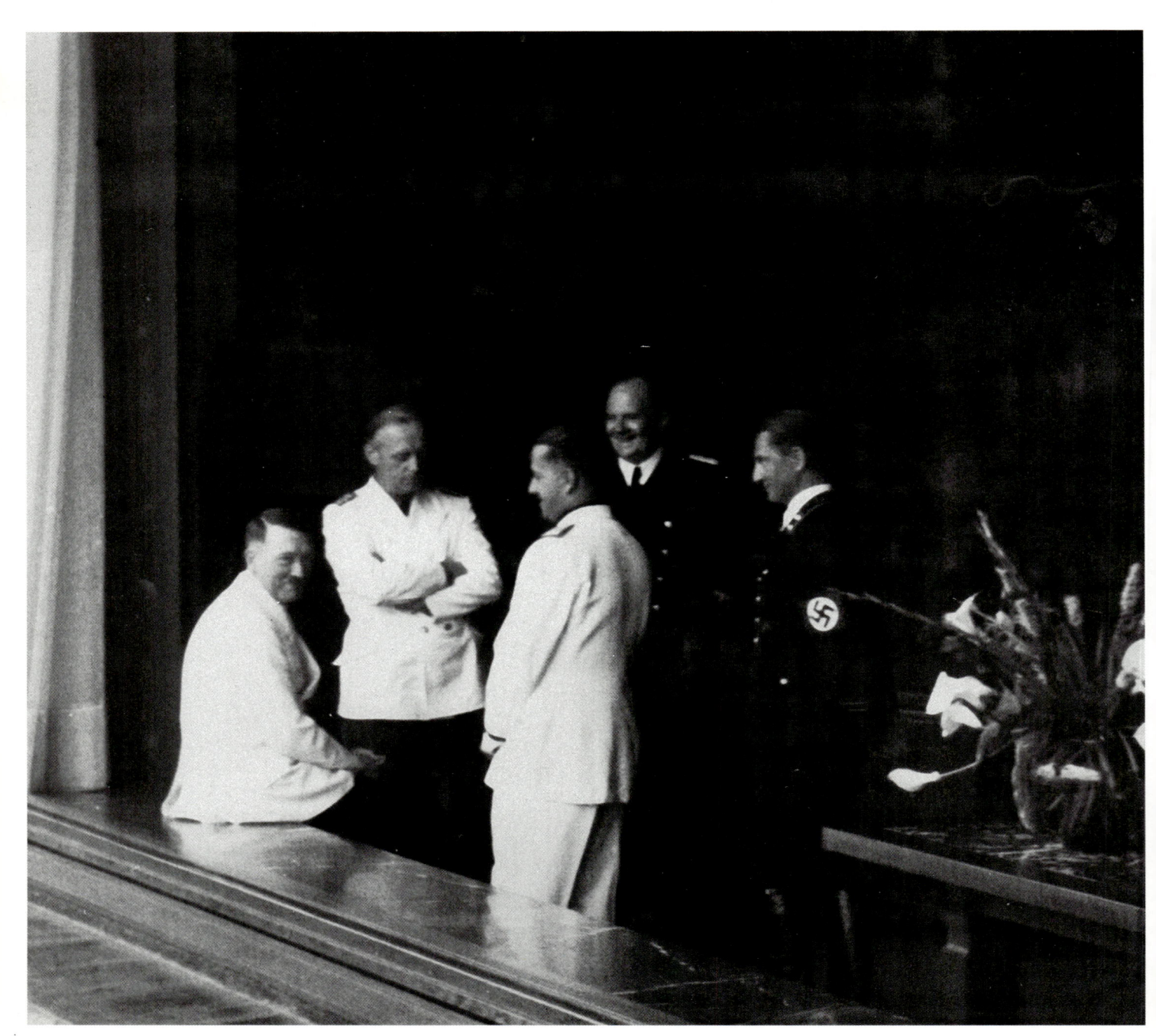

Graf Ciano

Der italienische Außenminister besuchte Hitler am 24. 10. 1936 auf dem Berghof. Mussolini war von den Erfolgen Hitlers fasziniert und wollte daran teilhaben. So bereitete dieser Besuch Cianos den nächsten Schritt deutsch-italienischer Zusammenarbeit vor:
Am 1. November 1936 rief Mussolini die Achse Rom – Berlin aus.

Kardinal Faulhaber

Erzbischof von München und Freising, besuchte Hitler am 4. 11. 1936 auf dem Berghof. Er galt als einer der bedeutendsten Kirchenfürsten seiner Zeit und zählte zu den engsten Vertrauten von Papst Pius XII.
Hitler nutzte dieses Gespräch, um Faulhaber auf die Gefahren des Bolschewismus hinzuweisen. Die im Juli 1933 abgeschlossenen Konkordatsverhandlungen hatten trotz aller bestehenden Meinungsverschiedenheiten günstige Voraussetzungen für dieses Gespräch geschaffen. Seine Auswirkungen sind bis 1945 zu verspüren. Hitler vermied es, seinen absoluten Machtanspruch auch gegenüber der katholischen Kirche durchzusetzen. Allerdings gibt es Andeutungen von ihm, daß er nach einem gewonnenen Krieg gegenüber der Kirche eine schärfere Gangart eingeschlagen hätte.

Harold Sidney Rothermere

Viscount, besuchte Hitler am 7. 1. 1937 auf dem Berghof. Er leitete einen der einflußreichsten Pressekonzerne Europas (25 Zeitungen Englands). Auch er war davon überzeugt, daß die bolschewistische Bedrohung eine ernste Gefahr für Europa bedeute, und setzte sich deshalb für die Verbreitung nationalen Gedankengutes ein. Er stand der in England tätigen faschistischen Liga nahe.

Marquez de Magaz

Der spanische Botschafter in Berlin besuchte Hitler am 6. 8. 1937 auf dem Berghof. Bei diesem Gespräch ging es um die Militärhilfe, die Deutschland zusammen mit Italien dem „Caudillo" Francisco Franco in seinem Kampf gegen die kommunistisch beeinflußte Volksfront Spaniens gewährte. Hitlers Hoffnung auf ein enges Bündnis mit Spanien erfüllte sich allerdings nicht. Vielmehr zahlte Franco seine Kriegsschulden an Deutschland (Legion Condor) in Form von Erzlieferungen zurück, um damit die Freiheit seines Handelns zu bewahren.

Aga Khan

Der indische Fürst und Mohammedanerführer besuchte Hitler am 20. 10. 1937 auf dem Berghof. Er galt damals als einer der reichsten Männer der Welt. Die Gläubigen seines Landes wogen ihn von Zeit zu Zeit mit Gold auf, das sie ihm schenkten. Mit ihm führte Hitler ein längeres Gespräch. So äußerte er seinem Gastgeber gegenüber u. a.: Wenn Karl Martell im Jahre 732 v. Chr. in der Schlacht von Tours und Poitiers geschlagen worden wäre, hätte in Europa der mohammedanische Glaube

Oben: Kardinal Faulhaber beim Gottesdienst.
Mitte: Viscount Harold Sidney Rothermere.
Unten: Der spanische Botschafter Marquez Magaz wird von Hitler empfangen.

Einzug gehalten und damit eine lange Friedenszeit. Mit dieser Idee beschäftigte sich Hitler später immer wieder. Uneingeschränkt gefiel ihm, daß die Mohammedaner kein Schweinefleisch essen, keinen Alkohol trinken und eine lange Fastenzeit einhalten.

Der Herzog von Windsor mit seiner Gattin
besuchte Hitler am 22. 10. 1937, also 2 Tage später, auf dem Berghof. Dieser Besuch hatte deshalb für Hitler besondere Bedeutung, weil er unentwegt seinen Lieblingsplan verfolgte: ein Bündnis mit England. Weil er den Besucher als einen Freund Deutschlands ansah, brachte er zum Ausdruck, daß er dessen Thronverzicht bedaure. Dennoch erhoffte er sich von diesem Besuch eine große Wirkung auf die öffentliche Meinung in England. Eine Vermittlerrolle zur Herstellung freundschaftlicher Beziehungen zu Großbritannien lehnte der Herzog ab. Er fühlte sich hierzu außerstande.
Eduard Albert, Prinz von Großbritannien, war der älteste

**Links: Ankunft des Herzogspaares von Windsor am Bahnhof von Berchtesgaden.
Oben: Hitler empfängt das Herzogspaar zum Tee.
Unten: Verabschiedung auf der Berghoftreppe mit Hitler und Reichsorganisationsleiter Dr. Robert Ley.**

Sohn des Königs Georg V. von England. Am 20. 1. 1936 wurde er als Eduard VIII. König von England. Als er im Dezember 1936 die Amerikanerin Wallis Simpson heiraten wollte, mußte er am 10. 12. 1936 auf den britischen Thron verzichten.

Lord Halifax
Der britische Außenminister besuchte Hitler am 20. 11. 1937 auf dem Berghof. Die Appeasementpolitik Englands Hitler gegenüber war noch nicht ad acta gelegt. Die militärische Stärke Rußlands erforderte ein Gegen-

Lord Halifax wird auf dem Berghof empfangen.

Unten: Hitler mit Kurt von Schuschnigg auf dem Obersalzberg.

gewicht. Deshalb schreckte der Gedanke einer Annäherung Deutschlands an Österreich weniger, als der einer sowjetischen Beherrschung Mitteleuropas.
Der Besuch von Lord Halifax zu diesem Zeitpunkt darf als ein erster Schritt auf dem Weg zur Wiedervereinigung Österreichs mit Deutschland angesehen werden. Er leitete den letzten steilen Anstieg der Laufbahn Hitlers zu ihrem Zenit ein.

Kurt von Schuschnigg
Der österreichische Bundeskanzler besuchte Hitler am 12. 2. 1938 auf dem Berghof. Hitler hatte inzwischen seine geplanten Maßnahmen vorbereitet. Mit England hatte er verhandelt, allerdings kaum über Österreich, mit Frankreich brauchte er nicht zu verhandeln, solange England stillhielt. Mit Italien hoffte er auf Einigung, notfalls auf Kosten Südtirols. Schuschniggs Karten waren schlecht.
In der Hand hatte er den deutsch-österreichischen Nichteinmischungspakt vom 11. 7. 1936. Der enthielt aber die Klausel, die Nationale Opposition müsse in die Regierung aufgenommen werden, und der nationalsozialistischen Propaganda sei Raum zu gewähren. Vorher hatte von Schuschnigg hinhaltend gekämpft und, um guten Willen zu beweisen, die Heimwehren aufgelöst. Jetzt, seines letzten Rückhaltes beraubt, mußte er mit ansehen, wie die österreichischen Nationalsozialisten legal die Machtpositionen des Staates eine nach der anderen besetzten, ohne den Vertrag vom 11. 7. 1936 zu verletzen. Die Unterredung auf dem Berghof endete damit,

daß von Schuschnigg in fast allen Punkten den Hitlerschen Forderungen nachgab und versprach, den österreichischen Nationalsozialisten A. Seyss Inquart in sein Kabinett zu berufen. Die Unabhängigkeit Österreichs hing an einem seidenen Faden. Noch immer zögerte Hitler, diesen zu durchschneiden. Das Verhalten Englands im Falle des Anschlusses war fraglich. Frankreich würde sich wohl England anschließen. Rußland blieb vorerst aus dem Spiel, solange es den Puffer Polen gab. Bliebe Italien. Auch dessen Haltung mußte erkundet werden. Hitler bediente sich eines Vermittlers.

Philipp, Prinz von Hessen und dessen Gattin Marie José, Prinzessin von Savoyen,
Tochter aus dem italienischen Königshause. Das Ehepaar wurde vor dem Einmarsch deutscher Truppen in Österreich von Hitler auf dem Berghof empfangen. Sie hatten ihre familiären Beziehungen in Rom für Gespräche mit Mussolini genutzt, mit dem Ziele, daß Italien den Einmarsch in Österreich stillschweigend dulden solle. Später verwandelte sich die Begeisterung des Prinzenpaares für Hitler jedoch in offene Gegnerschaft. 1944 wurden beide verhaftet. In einem Prominentengefäng-

Oben: Hitler mit Prinzessin Marie José von Hessen auf dem Kehlsteinhaus.
Unten: Philipp, Prinz von Hessen, mit Hitler auf dem Kehlsteinhaus.

nis kam die Prinzessin bei einem alliierten Luftangriff ums Leben.

Hitler wartete noch immer ab. Er wurde jedoch durch vollendete Tatsachen überrumpelt, die Göring „eiskalt und brutal" geschaffen hatte. (Übergriffe der österreichischen Nationalsozialisten in Wien)

Diese zunächst zögerliche Haltung Hitlers entsprach einem richtigen Gefühl. War denn der spektakuläre Einmarsch nötig? Die Machtübernahme in Österreich hatte längst funktioniert. Am 11. 3. 1938 überschritten deutsche Truppen die österreichische Grenze.

Konrad Henlein

Dieser Erfolg löste in Hitler eine weitere Sperre. Zögerlichkeit, wie im Falle Österreich, machte seiner Ungeduld Platz. Die Sudetendeutschen, jahrhundertelang unter der böhmischen Königskrone lebend, wurden durch die jäh aufgeflammte Nationenidee in Bedrängnis gebracht. Lord Runciman, national-liberales Mitglied des britischen Unterhauses, untersuchte ihre Beschwerden. Er empfahl dem Führer der Sudetendeutschen Partei, sich mit Adolf Hitler zu treffen. Dieser wurde am 2. 9. 1938 von ihm auf dem Berghof empfangen. Die Prager Regierung hatte einen Autonomiestatus der

Oben: Hitler begrüßt den britischen Premierminister Arthur Neville Chamberlain auf der großen Freitreppe des Berghofes.
Unten: Hitler zusammen mit Konrad Henlein beim Spaziergang auf dem Obersalzberg.

Sudetendeutschen in Erwägung gezogen, was ursprünglich auch die Forderung Henleins gewesen war. Hitler, nun im Einklang mit Henlein, wohl aber auch Lord Runciman sahen das anders. Sein Bericht an die britische Regierung bildete die Grundlage des späteren Münchner Abkommens. Er trug der ultimativen Forderung Hitlers Rechnung: Anschluß des Sudetenlandes an Deutschland. Bevor es dazu kam, traf

Arthur Neville Chamberlain,

der britische Premierminister, traf am 15. 9. 1938 auf dem Berghof ein. Dieser wohl bedeutendste Besucher, den der Berghof zu sehen bekam, erfüllte einen Traum Hitlers. Gespräche mit England, seinem Wunschpartner. So kam er seinem hohen Gast schon auf der großen Treppe entgegen, eine Auszeichnung, die er nur wenigen Besuchern zuteil werden ließ. Als deutlich wurde, daß die Konferenz in der Großen Halle stattfinden sollte, winkte Chamberlain ab. Er wünschte ein Gespräch ohne Gegenwart hoher deutscher Militärs. Man zog sich deshalb in das im 1. Stock gelegene Arbeitszimmer Hitlers zurück. Chamberlain war ein zäher Verhandlungspartner. Es wurde noch ein zweites Treffen in Bad Godesberg nötig, ehe das Münchner Abkommen spruchreif wurde.

Frankreich hatte nur widerwillig mit angesehen, wie sein östlicher Nachbar mit Italien ein Bündnis eingegangen war und nun mit England verhandelte.

Francois Poncet

Der französische Botschafter in Berlin besuchte Hitler am 18. 10. 1938 auf dem Berghof. Er war bekannt dafür, daß er deutsche Kultur und Lebensart verstand und auch zu schätzen wußte. Geistreich und elegant versuchte er, Hitler in vielen Unterredungen die Interessen seines Landes darzulegen und diese auch zu vertreten. Die Unterredung vom 18. 10. 1938 war seine letzte Begegnung mit dem Diktator. Dieser zeigte ihm das Kehlsteinhaus, eine Auszeichnung sicherlich, aber auch eine Demonstration gewonnenen Prestiges. Das Kehlsteinhaus galt damals als eine Art Weltwunder. Der letzte Besuch des auch auf deutscher Seite beliebten und geachteten Botschafters kennzeichnet einen Abschnitt in Hitlers erfolgreicher Berghofdiplomatie. Was nun noch folgte, gelang nur noch mühsam oder gar nicht.

König Carol II. von Rumänien
besuchte Hitler am 24. 11. 1938 auf dem Berghof. Er regierte seit 1930 in Rumänien und steuerte einen autoritären Kurs. Zunächst hatte Rumänien seinen Bestand durch Anlehnung an Frankreich gesichert. Die Weltwirtschaftskrise (1929), aber auch die schwindende Macht Frankreichs (Münchner Abkommen) erzwang eine außenpolitische Neuorientierung. Ihr galt König Carols Besuch auf dem Berghof. Hitlers außenpolitischer Spielraum erweiterte sich dadurch kaum. Er mußte jedoch an die rumänischen Erdölquellen denken, die später für seinen Rußlandfeldzug entscheidende Bedeutung erlangten.

Oberst Beck
Der polnische Außenminister besuchte Hitler am 5. 1. 1939 auf dem Obersalzberg. Zu diesem Zeitpunkt stand es für Hitler bereits fest, daß er die Tschechei besetzen wollte. Er legte dem Besucher seinen Plan mehr oder weniger offen dar, erkaufte sich das Stillhalten Polens dadurch, daß er vorab einen Teil der tschechischen Beute Polen zusagte. Die Gesprächsthemen dieses Besuches blieben für die Westmächte kein Geheimnis. England und Frankreich reagierten negativ. Im Foreign Office sowie am Quaie D'Orsay begann das große Umdenken. Das Kommuniqué dieser Begegnung war nichtssagend, dessen diplomatischen Folgen jedoch verhängnisvoll.

Kalif al Houd,
der Sondergesandte des Königs Ibn Saud von Arabien, besuchte Hitler am 17. 6. 1939 auf dem Berghof. König Ibn Saud war ein Meister in der Bewahrung von Neutralität zwischen den großen Machtblöcken, damals England und Amerika. Unbedachte Parteinahme konnte unabschätzbare Gefahren für sein Königtum heraufbeschwören. Seit 1930 floß in Arabien Öl. Ölkonzessionen an die Amerikaner brachten große Gewinne. Der Aufstieg Hitlers weckte Ibn Sauds Aufmerksamkeit, mehr nicht.
Während des zweiten Weltkrieges paßte er seine Neutralität geschickt der jeweiligen Lage an.

Oben: Hitler mit Francois Poncet am 18. 10. 1938 auf dem Kehlstein.
Unten: Der polnische Außenminister Oberst Beck wird am 5. Januar 1939 von Hitler auf dem Obersalzberg empfangen. Hitler kommt dem Staatsgast auf der berühmten Freitreppe des Berghofes weit entgegen.

Ankunft von Kalif al Houd auf dem Berghof.

Unten: Der Hohe Kommissar des Völkerbundes in Danzig Carl Jakob Burckhardt.

Der Besuch des Kalif al Houd kurz vor dem Ausbruch des zweiten Weltkrieges hat nichts bewegt.
Seit dem Einmarsch Hitlers in Prag (15. 3. 1939) war dem Berghof seine Rolle als Mittelpunkt internationaler Diplomatie entglitten.

C. J. Burckhardt
Der Danziger Völkerbundskommissar besuchte Hitler am 11. 8. 1939 auf dem Obersalzberg. Dieser Besucher war kein Inhaber von Macht, sondern einer, der sie für andere verwaltete, in diesem Fall für den Völkerbund. Ihm gegenüber war Hitler machtlos. Er konnte ihn nicht zu irgend etwas überreden. Die große Begabung Hitlers war Burckhardt gegenüber wirkungslos. Die eigentlich Handelnden hatten sich längst hinter den Vorhang ihrer Politik zurückgezogen. Wie es dahinter aussah, konnte Hitler ahnen, aber nicht sehen.
Das große Versteckspiel am Vorabend des zweiten Weltkrieges war im vollen Gange. Blind tappte Hitler in die europäische Tragödie. Burckhardt warnte ihn wahrscheinlich, aber die Binde nahm er ihm nicht von den Augen.
Der Berghof? Nun, diese Unterredung hätte an jedem beliebigen Ort auch stattfinden können. Die Kulisse war entbehrlich geworden.

Graf Ciano
Der italienische Außenminister besuchte Hitler am 12. und 13. 8. 1939 auf dem Berghof. Zwei Tage nahm sich Hitler Zeit, um den Außenminister seines wichtigsten Bündnispartners davon zu überzeugen, daß die westlichen Demokratien nicht in der Lage seien, Europas Probleme zu lösen. Vorabend des 2. Weltkrieges, aber Mussolini schickt seinen Schwiegersohn, anstatt persönlich zu erscheinen. Zu deutlich hatte Hitler seine Entschlossenheit hervorgekehrt. Entschlossenheit wozu? Ciano unterbrach die stundenlangen Reden Hitlers gelegentlich und warf ein, daß Italien keinesfalls für einen Krieg gerüstet sei.
Hitler fuhr mit Graf Ciano schließlich am zweiten Besuchstag auf den Kehlstein. Was die Überzeugungskraft seiner Rede nicht zustande brachte, vielleicht schaffte es die grandiose Kulisse des Kehlsteinhauses. Graf Ciano winkte kühl ab. Hitler mußte am Ende dieses Besuches erkennen, daß er sich im Falle einer kriegerischen Auseinandersetzung nicht auf den Beistand Italiens verlassen könne.

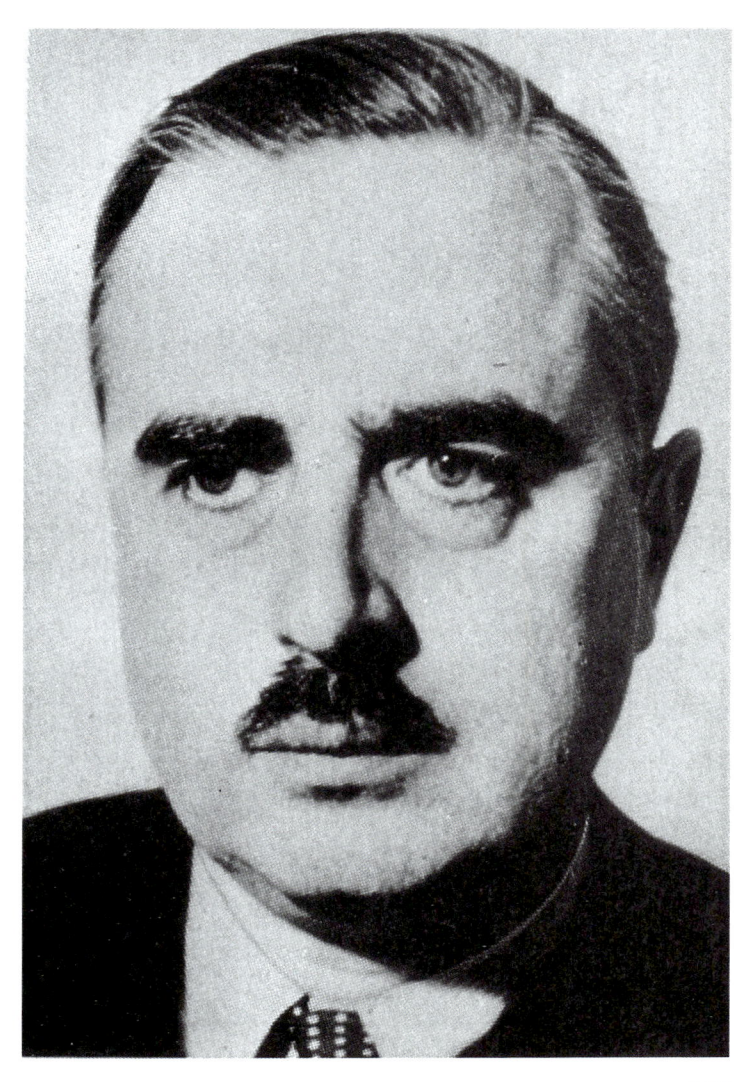

116

Der Obersalzberg als Sanatorium Hitlers

War der Berghof mit dem Einmarsch deutscher Truppen in die Tschechoslowakei der Optik des Weltgeschehens mehr und mehr entrückt, so hatte er mit Beginn des Krieges seine Funktion als zentrale Schaltstelle weltpolitischer Macht vollends verloren. Es gab nur noch wenige Staatsoberhäupter, die Hitler sprechen wollten. Die meisten standen auf der Gegenseite oder hielten sich zumindest neutral. Nur wenn die kriegerischen Ereignisse das erlaubten oder besser noch, wenn Hitlers Gesundheitszustand das erzwang, befand sich Hitlers Hauptquartier auf dem Berghof. Damit wurde der Berghof zum Sanatorium Hitlers.

Wenige Ausnahmen von dieser Regel:

Am 7. 6. 1941 besuchte **König Boris von Bulgarien** den Berghof, was er am 3. 4. 1943 wiederholte. Bulgarien fühlte sich traditionell seit seiner Befreiung aus der Türkenherrschaft durch Rußland diesem verbunden. Hitler versuchte deshalb vergeblich, den deutschfreundlichen Boris zum Kriegseintritt zu bewegen. Boris erlag noch während des Krieges unter merkwürdigen Umständen einem Herzanfall. Im übrigen wäre das aufrührerische Bulgarien als Bundesgenosse für Hitler eher eine Belastung gewesen.

Als Fiasko endete ein Besuch des spanischen **Außenministers Suner** auf dem Berghof. Hitler wünschte den Beitritt Spaniens an die Seite der Achsenmächte (Deutschland und Italien) in den Krieg gegen England. Die Eroberung der Meerenge von Gibraltar hätte Hitler einen wichtigen strategischen Vorteil verschafft. Suner lehnte ab.

Am 18. und 19. 1. 1941 kam **Mussolini** mit seinem **Außenminister Graf Ciano** auf den Berghof, um mit Hitler die Folgen des mißglückten italienischen Angriffs auf Griechenland zu besprechen. Am 29./30. 4. wiederholten die beiden ihren Besuch. Befehlsausgabe an den Verbündeten. Die Truppen Italiens hatten sich auf dem russischen Kriegsschauplatz, ähnlich wie vorher in Griechenland, als wenig schlagkräftig erwiesen.

Ein Besuch des **französischen Ministerpräsidenten Laval (Vichy)** am 29. 4. 1942 war wiederum nur eine Befehlsausgabe. Nicht anders war es dem kroatischen Staatschef Pavelicz am 6. 6. 1941 ergangen. Als Hitler am 7. 4. 1943 Mussolini im Schloß Kleßheim bei Salzburg traf, wurde deutlich, wie wenig außenpolitischer Spielraum dem Diktator noch verblieben war. Viel Lärm um nichts. Mussolini hörte sich schweigend den stundenlang auf ihn einredenden Hitler an. Durchhalten, durchhalten. Damit bestärkte er nur die Resignation seines Gastes. Düster genug sah es für die beiden aus. Rückschläge an allen Fronten. Luftkrieg über Deutschland. Wie lange würde der Obersalzberg davon verschont bleiben?

Linke Seite: Der italienische Außenminister Graf Ciano am 12. und 13. 8. 1939 auf dem Berghof.

Rechte Seite oben: Durch diese Tür geleitete Hitler alle seine Besucher in dem Berghof.
Unten: Hitler mit Mussolini am 19. Januar 1941 auf der Berghoffreitreppe.

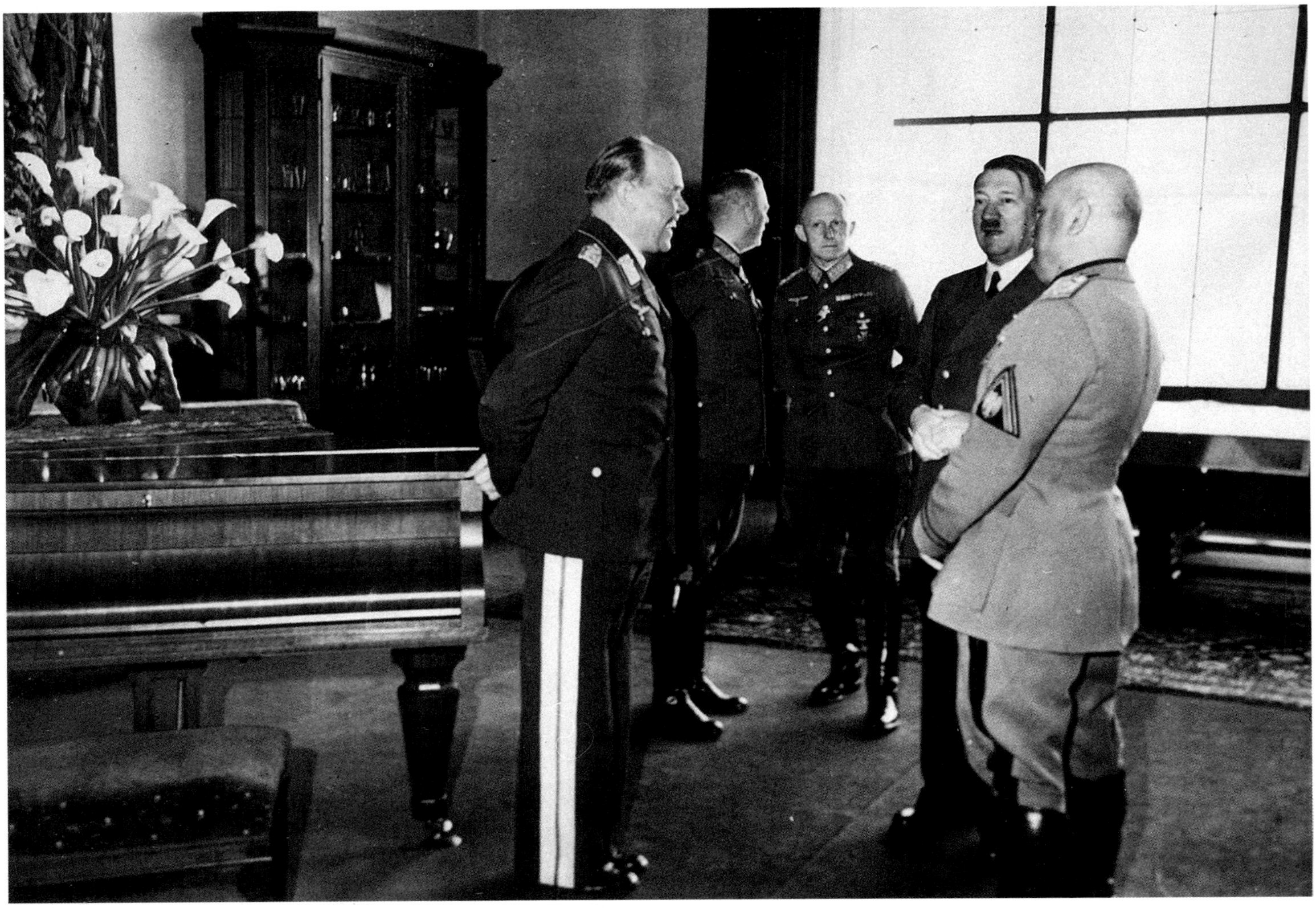

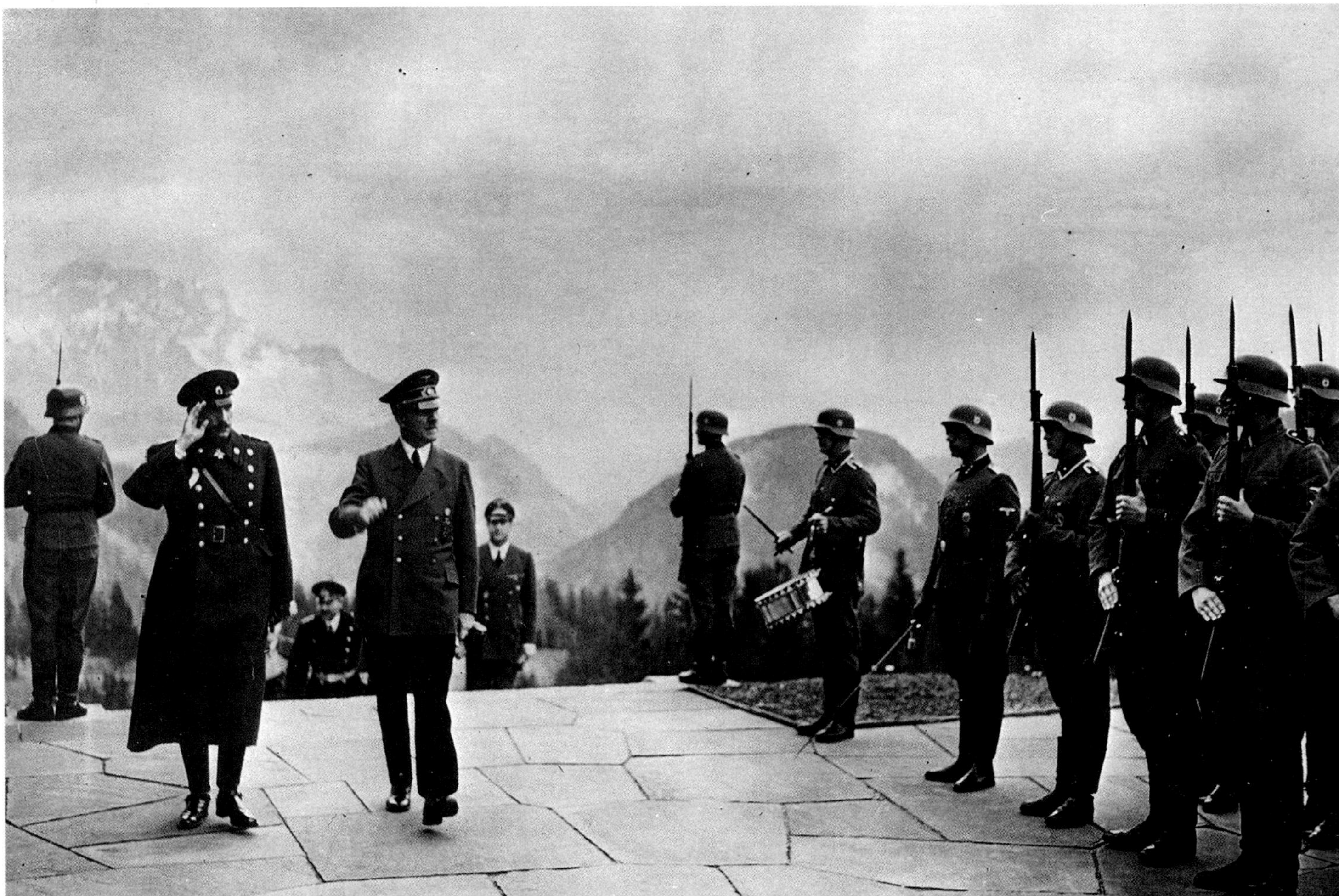

Der Obersalzberg als Sanatorium Hitlers

War der Berghof mit dem Einmarsch deutscher Truppen in die Tschechoslowakei der Optik des Weltgeschehens mehr und mehr entrückt, so hatte er mit Beginn des Krieges seine Funktion als zentrale Schaltstelle weltpolitischer Macht vollends verloren. Es gab nur noch wenige Staatsoberhäupter, die Hitler sprechen wollten. Die meisten standen auf der Gegenseite oder hielten sich zumindest neutral. Nur wenn die kriegerischen Ereignisse das erlaubten oder besser noch, wenn Hitlers Gesundheitszustand das erzwang, befand sich Hitlers Hauptquartier auf dem Berghof. Damit wurde der Berghof zum Sanatorium Hitlers.

Wenige Ausnahmen von dieser Regel:

Am 7. 6. 1941 besuchte **König Boris von Bulgarien** den Berghof, was er am 3. 4. 1943 wiederholte. Bulgarien fühlte sich traditionell seit seiner Befreiung aus der Türkenherrschaft durch Rußland diesem verbunden. Hitler versuchte deshalb vergeblich, den deutschfreundlichen Boris zum Kriegseintritt zu bewegen. Boris erlag noch während des Krieges unter merkwürdigen Umständen einem Herzanfall. Im übrigen wäre das aufrührerische Bulgarien als Bundesgenosse für Hitler eher eine Belastung gewesen.

Als Fiasko endete ein Besuch des spanischen **Außenministers Suner** auf dem Berghof. Hitler wünschte den Beitritt Spaniens an die Seite der Achsenmächte (Deutschland und Italien) in den Krieg gegen England. Die Eroberung der Meerenge von Gibraltar hätte Hitler einen wichtigen strategischen Vorteil verschafft. Suner lehnte ab.

Am 18. und 19. 1. 1941 kam **Mussolini** mit seinem **Außenminister Graf Ciano** auf den Berghof, um mit Hitler die Folgen des mißglückten italienischen Angriffs auf Griechenland zu besprechen. Am 29./30. 4. wiederholten die beiden ihren Besuch. Befehlsausgabe an den Verbündeten. Die Truppen Italiens hatten sich auf dem russischen Kriegsschauplatz, ähnlich wie vorher in Griechenland, als wenig schlagkräftig erwiesen.

Ein Besuch des **französischen Ministerpräsidenten Laval (Vichy)** am 29. 4. 1942 war wiederum nur eine Befehlsausgabe. Nicht anders war es dem kroatischen Staatschef Pavelicz am 6. 6. 1941 ergangen. Als Hitler am 7. 4. 1943 Mussolini im Schloß Kleßheim bei Salzburg traf, wurde deutlich, wie wenig außenpolitischer Spielraum dem Diktator noch verblieben war. Viel Lärm um nichts. Mussolini hörte sich schweigend den stundenlang auf ihn einredenden Hitler an. Durchhalten, durchhalten. Damit bestärkte er nur die Resignation seines Gastes. Düster genug sah es für die beiden aus. Rückschläge an allen Fronten. Luftkrieg über Deutschland. Wie lange würde der Obersalzberg davon verschont bleiben?

Linke Seite: Der italienische Außenminister Graf Ciano am 12. und 13. 8. 1939 auf dem Berghof.

Rechte Seite oben: Durch diese Tür geleitete Hitler alle seine Besucher in dem Berghof.
Unten: Hitler mit Mussolini am 19. Januar 1941 auf der Berghoffreitreppe.

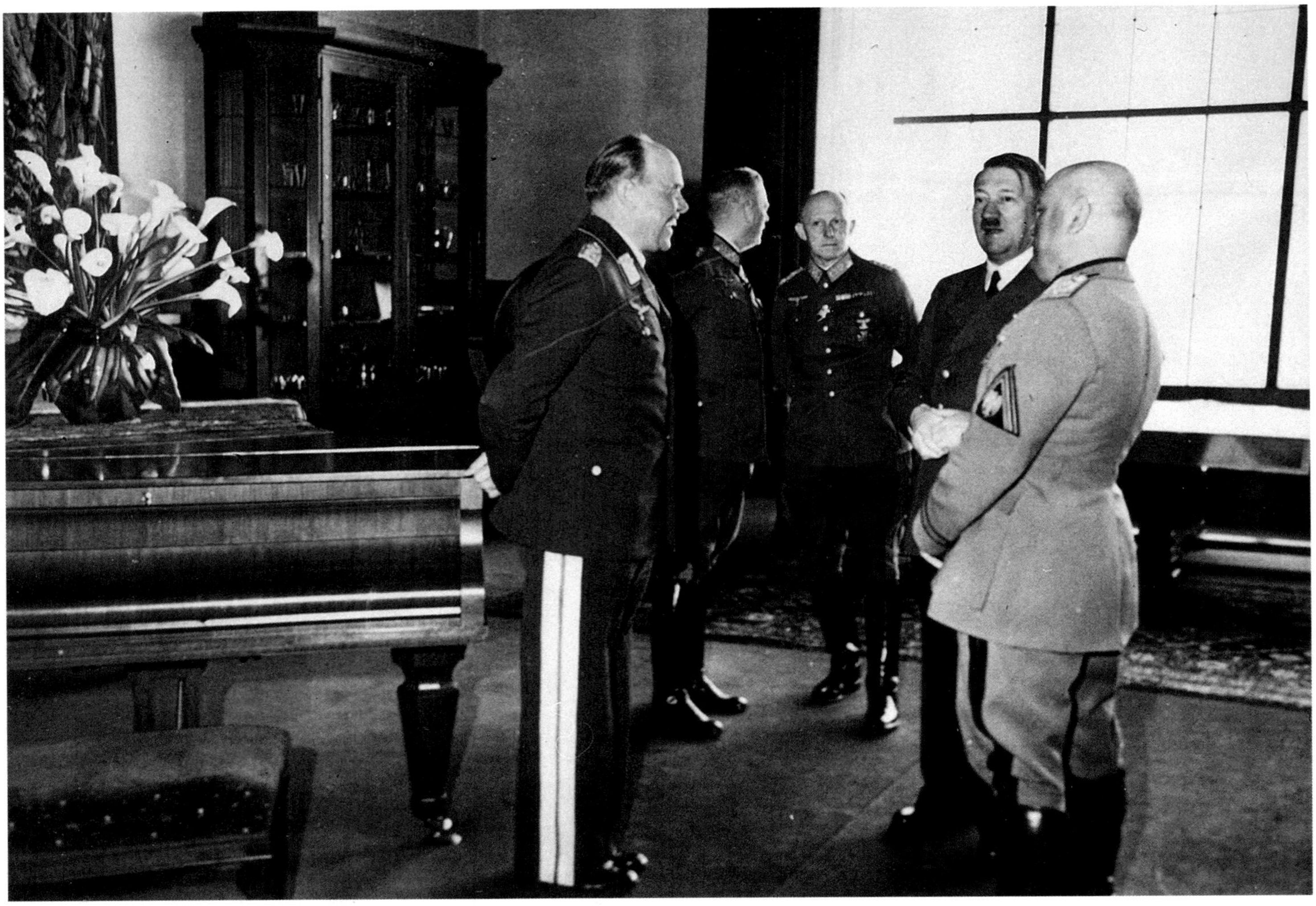

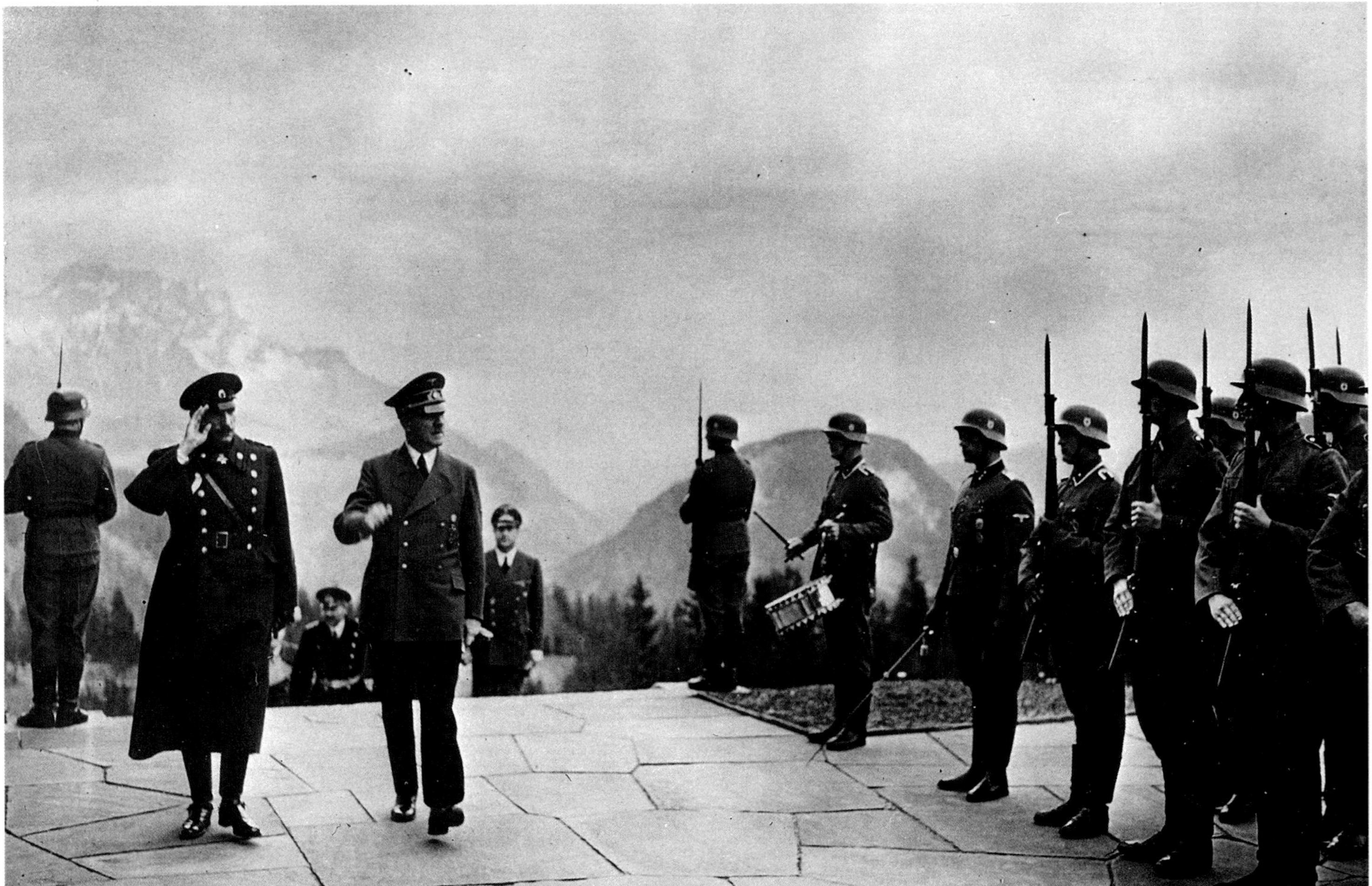

Linke Seite oben: Hitler empfängt Mussolini in der Großen Halle des Berghofes.
Unten: König Boris III. aus Bulgarien besucht Hitler auf dem Berghof. Foto 7. April 1943.
Oben: Admiral Darlan, Befehlshaber der französischen Flotte, besucht Hitler im Mai 1941 auf dem Berghof. Die Unterredung verlief für Darlan unbefriedigend, sodaß er wenig später auf die gegnerische Seite überwechselte.
Unten: Hitler spricht 4 Tage vor dem Attentat, das am 20. Juli 1944 auf ihn verübt wurde, vor den Rüstungsindustriellen im Festsaal des Platterhofes Obersalzberg.

Überreichung einer kostbaren Spezialholz-Kasette mit Darstellungen von Infanterie-Gefechtsszenen eines Kunstmalers als Geburtstagsgeschenk des deutschen Heeres an Adolf Hitler. Berghof den 21. April 1943 vormittags. Von links: Göring, Hitler, Fw. Willi Moder (gefallen am 14. 3. 1945 in Ungarn), Uffz. Arthur Becker, Heeresadjutant Major Engel.

Etwa zur gleichen Zeit. Hitler auf der Berghofterrasse. Man sieht ihm an, daß er gesundheitlich schwer angeschlagen ist. Schlaffe Haut, nachdenklicher Blick, pessimistisch nach unten gezogene Mundwinkel.

Luftverteidigung am Obersalzberg

Dies hinderte Bormann jedoch nicht daran, den Ausbau des Obersalzberges mit einem Einsatz von ca. 3000 ausländischen, meist italienischen Arbeitern verstärkt voranzutreiben. Ein Paradebeispiel hierfür bieten die Wohnsiedlungen Buchen- und Klaushöhe. Sie sollten den Angestellten der Verwaltung Obersalzberg als Unterkunft dienen. Beide Siedlungen wurden während des Krieges errichtet. Selbst am Tage des Bombenangriffs vom 25. April 1945 wurden hier noch Baumaterialien angefahren, von denen die durch den Bombenkrieg der Alliierten betroffene deutsche Bevölkerung nur träumen konnte: Parkettböden, Marmortreppen, Zentralheizungen, Kupferrohre, edle Hölzer. Beide Siedlungen waren am Tage ihrer Zerstörung nahezu fertiggestellt.

Damit wäre ein Thema angeschnitten, das den Obersalzberg bis zum Kriegsende beschäftigen sollte. Die Flugabwehr. Die täglich zahlreicher werdenden Beispiele durch Bombenangriffe zerstörter deutscher Städte zwang zu der Überlegung, den Obersalzberg vor einem ähnlichen Schicksal zu bewahren. Im Juli 1943 war es dann soweit. Hitler erklärte sich noch vor seiner Abreise zum Führerhauptquartier Wolfsschanze damit einverstanden, daß geeignete Luftverteidigungsmaßnahmen für den Obersalzberg ergriffen werden sollten. Der Autor dieses Buches wurde im September 1943 zum Obersalzberg mit dem Auftrage kommandiert, dort eine verstärkte Flakabteilung und eine Nebelabteilung aufzustellen und einsatzbereit zu machen. Hierzu wurden 28 Flakkanonen (abgek. FK) 10,5cm; 24 FK 3,7cm; 6 FK 2cm und 2 Vierlinge FK 2cm an taktisch günstigen Stellen auf den Höhen rings um den Obersalzberg wie auch in Berchtesgaden selbst in Stellung gebracht. (Siehe 3. Umschlagseite) Die Nebelfässer der Nebelabteilung wurden über denselben Raum verteilt. Hinzu kam die Führerflugmeldezentrale, die an den gesamten deutschen Flugwarndienst angeschlossen und somit in der Lage war, feindliche Flugbewegungen auf deutschem Gebiet mittels einer beleuchteten Karte (durchsichtig auf Glas eingezeichnet) zu beobachten.

Noch bis Juni 1943 war das Thema Luftschutz auf dem Obersalzberg verpönt gewesen. Dann aber griff es Bormann mit dem ihm eigenen Feuereifer auf. Flak- und Nebelschutz allein genügten noch nicht. Von heute auf morgen sollte der Berghof und das gesamte Führergebiet durch ein weitläufiges, mit komfortabel ausgestatteten Wohnbunkern versehenes Stollensystem tief unter Felsgestein ergänzt werden.

Dieses riesige Bauvorhaben mußte in kürzester Frist verwirklicht werden. Zur Unterstützung der am Ort tätigen Baufirmen wurde noch zusätzlich eine Stollenbaukompanie der Waffen SS zum Obersalzberg abkommandiert. An erster Stelle stand natürlich der Berghofstollen. Ein bestimmter Abschnitt davon mußte unbe-

Oben: Geschützstellung einer 10,5cm Flakkanone auf dem Roßfeld nahe Obersalzberg mit Bedienungsmannschaft.
Unten: Nebelgeräte der Nebelabteilung Obersalzberg im Einsatz.

dingt bis zum 24. Dezember 1943 fertiggestellt werden, da um diese Zeit mit Hitlers Besuch gerechnet wurde.

Durch die Schwierigkeiten, die der brüchige Fels verursachte, zögerte sich der Termin, zu dem mit einem Ausbau begonnen werden konnte, so lange hinaus, daß hierfür nur noch 8 Wochen blieben. In unvorstellbarer Hetze, unter Einschaltung aller Hilfsmittel und organisatorischer Kunst wurde der Endtermin eingehalten. Es handelte sich immerhin um 130m Stollenlänge.

Gigantische Bauarbeiten über und unter der Erde, und das im fünften Kriegsjahr.

Zwar sagte Hitler einmal: „Der Bormann trägt seinen Namen zu recht. Er bohrt alle Berge an." (Kehlstein, Stollenbau)

Ein andermal sagte er: „Wenn der Bormann mit seiner Bauwut so weitermache würde er sich später (nach dem Kriege) einen ruhigeren Platz aussuchen, wo er sich dann niederlassen wolle." Es läßt sich jedoch nicht bestreiten, daß Bormann Hitlers volle Unterstützung mit seinem Baueifer auf dem Obersalzberg besaß, auch gegen Kriegsende. So gibt es eine Führerskizze vom 10. 9. 1943, auf der von ihm eigenhändig eine Sicherung der Stollengänge gegen Explosionsdrücke eingezeichnet worden war. (Schaffing S. 230)

Am 23. 2. 1944 fuhr Hitler vom Führerhauptquartier „Wolfsschanze" nach Berchtesgaden und von dort zum Obersalzberg. Er blieb, von kurzen Unterbrechungen abgesehen, bis zum 14. 7. 1944. Danach hat er den Berghof nie mehr wiedergesehen.

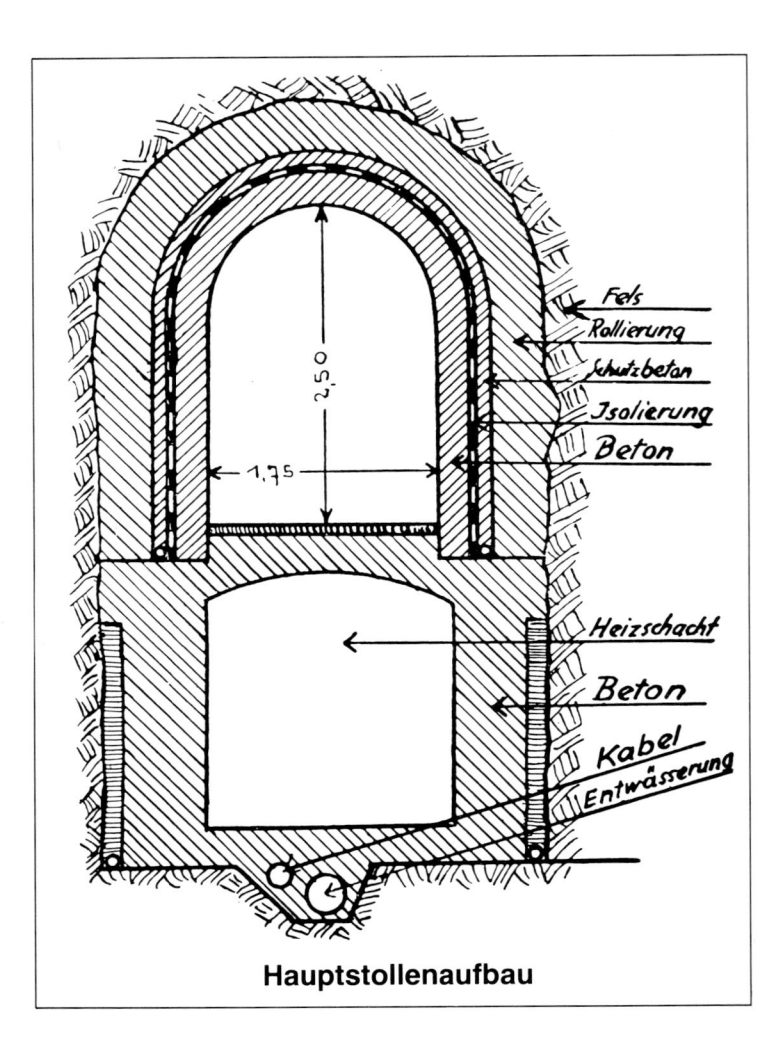

Hauptstollenaufbau

Fertiger Stollen.

Feste

Der Berghofstollen war termingerecht zum 24. Dezember 1943 fertiggestellt worden. Seine Fortführung wurde verstärkt betrieben. Bis zum Kriegsende wurde eine Gesamtlänge von 5000m erreicht, von denen 2000m bewohnbar gemacht wurden. Alle wichtigen Gebäude des Obersalzberges hatten ihre unterirdische Ergänzung gefunden. Auch die Führerflugmeldezentrale war fertiggestellt worden. 30m unter Fels, am Göringhügel gelegen, wurde ein Wunderwerk damaliger Flugmelde- und Flugabwehrtechnik in einer geräumigen Kaverne eingerichtet. Am 20. April 1944 feierte Hitler auf dem Berghof seinen Geburtstag. Der Autor dieses Buches überbrachte die Glückwünsche der ihm unterstellten Soldaten. Ich (Autor), befand mich in einer dicht gedrängten Schar von Gratulanten, die in der großen Halle des Berghofes Aufstellung genommen hatten: Minister, Generäle, Adjutanten, Parteiführer, Angehörige der Verwaltung Obersalzberg, der Hausmeister des Berghofes mit seiner gesamten Mannschaft von Köchen, Kellnern, Zimmermädchen, Dienerschaft. Dazu kam die Beschließerin der Gästehäuser mit deren Hilfspersonal, die Sekretärinnen, Fahrer, Piloten und andere mehr.

V.l.n.r.: Bormann, Brückner, Frau Morell, Hitler, Gauleiter Wagner, Eva Braun und Leibarzt Dr. Brand.

Als dann die Reihe an mich kam, im Namen des SS Kommandos Obersalzberg zu gratulieren, stand ein überzeugend gesund aussehender Hitler vor mir, mit der berühmten Faszination seines Blickes, als sei die Welt noch ebenso in Ordnung wie vor Ausbruch des Krieges. Bormann neben ihm, mit seinen braunen, wachen Augen, in jener typischen Haltung die den Eindruck erweckte, als stünde er auf dem Sprung. Hinterher versammelten sich die „jungen" Gratulanten und sonstiges Fußvolk im Gästehaus „Hoher Göll" zu einem Glas roten Sekt; damals wahrhaft ein ungewohnter Genuß.

Im darauffolgenden Juni heiratete die Schwester von Eva Braun den SS-Brigadeführer Fegelein. Anschließend große Festlichkeit auf dem Kehlsteinhaus. Für dieses Fest inszenierte Eva Braun zum großen Tag ihrer Schwester noch einmal alles, was Küche und Keller des Platterhofes boten. Für heutige Vorstellungen nichts Aufregendes. Sekt und Kaviar, edle Weine und erlesene Speisen. Aber im Angesicht der Not in den zerbombten deutschen Städten und des Opferganges deutscher Soldaten Untergangsstimmung mit Festbeleuchtung.

Der Eindruck des 20. 4. 1944 hatte getäuscht. Hitlers Kräfteverfall war inzwischen so weit fortgeschritten, daß die Ärzte dringend zu einer Erholungspause rieten. Rückgratverkrümmung, fortgesetzt Magen- und Darmkrämpfe, linksseitiges Zittern. Vergebens versuchte er, seine Beschwerden durch soldatische Haltung vor Besuchern zu verbergen. In einem Zustand körperlichen Verfalls verließ Hitler am 14. 7. 1944 den Obersalzberg, um sich dem Untergang seiner Armeen in Ost und West, in Nord und Süd noch einmal entgegenzustemmen.

Oben: Eva Braun feiert die Staatshochzeit ihrer Schwester Gretl. Es war die einzige Gelegenheit, daß die Geliebte Hitlers, „einzige Frau meines Lebens", wie er sich gelegentlich ausdrückte, offiziell auftrat.
Links: Letztes Bild von Hitler auf dem Berghof: 14. 7. 1944.

Rechte Seite: Eva Braun während des Hochzeitsfestes am 3. Juni 1944 auf dem Kehlstein.

125

Festung Obersalzberg

Nachdem Hitler den Obersalzberg verlassen hatte, war dieser nach menschlichem Ermessen seiner Aufgabe enthoben – kein Führerhauptquartier, kein Regierungssitz, kein Sanatorium Hitlers mehr. Dafür wuchs ihm eine neue Rolle im letzten Akt des Trauerspiels „Deutschland" zu: „Festung Obersalzberg".

Diese Legende entstand im letzten Kriegsjahr, vielleicht ausgelöst durch Bormanns fieberhafte ober- wie auch unterirdische Bautätigkeit auf dem Obersalzberg. Sie wurde gern als eine Art Wunderwaffe kolportiert. Hitler duldete das. Vermeintlich noch in der Reserve bereitstehende „Wunderwaffen" dienten damals dazu, den Widerstandswillen des verzweifelt kämpfenden deutschen Volkes zu stärken. Aber da gab es noch etwas. Der Obersalzberg, Kulisse für den grandios inszenierten Schlußakt – Königshalle Etzels. Bis zum 21. April 1945 spielte Hitler mit der Idee, der staunenden Welt auf dem Obersalzberg seinen Untergang vorzuführen. Die Idee von der Festung Obersalzberg hatte somit zwar keinen realen aber einen inszenatorischen Hintergrund. Hierzu ein Auszug aus dem Buch des Autors „Die Rettung von Berchtesgaden...": (S. 56 ff.)

„Diese Legende wurde vom Feind ernstgenommen. Der Bombenangriff auf den Obersalzberg vom 25. April 1945 wie auch die militärische Planung der Amerikaner und Franzosen in der letzten Kriegsphase beweisen es. (Vorstoß über München, Traunstein, Bad Reichenhall, Obersalzberg und die Einnahme des Berghofes am 4. Mai 1945 durch die Franzosen.)

Vielleicht war Bormann dem gedanklichen Kurzschluß erlegen, daß seine gigantischen Stollenbauten Festungswert besäßen. Sie schützten aber nur vor Luftangriffen. Für den Erdeinsatz waren sie ungeeignet, da sie einem Verteidiger weder Schutz noch Schußfeld geboten hätten.

Obersalzberg und Berchtesgaden, man kann beide Plätze militärisch nicht getrennt betrachten, stellten einem Angreifer keine befestigten Hindernisse entgegen. Es gab keine Festungsbauwerke, die eine längere Verteidigung erlaubt hätten. Es gab keine gepanzerten Geschütz- oder MG-Stände. Es gab noch nicht einmal provisorisch ausgehobene Schützengräben. Obersalzberg und Berchtesgaden waren militärisch gesehen eine „offene Stadt."

Das beweist auch die Bewaffnung und Gliederung meiner SS-Verbände. Nur zwei schwere Batterien standen im Tal; eine in Schönau und eine an der Ache unweit des Ortskerns von Berchtesgaden. Alle anderen Batterien waren in schwierigen Transporten auf Bergspitzen oder Anhöhen verlastet worden, um gegen angreifende Flugzeuge ein gutes Schußfeld zu gewinnen. Dieser Einsatz in schwer zugänglichen Höhenlagen machte nicht nur unbeweglich, er erschwerte auch die Versorgung. Es wurden deshalb Seilbahnen gebaut; eine Rundlaufbahn zum Roßfeld und je eine Materialbahn zur Kneifelspitze und auf den Grünstein. Selbstfahrlafetten besaßen wir nicht, da nur ortsfester Einsatz vorgesehen war, der im übrigen für die Flugabwehr auch günstigere Voraussetzungen bot. Für die Feuerunterstützung infanteristischen Einsatzes hätte ich im Notfall über zwei schwere Batterien verfügen können, die aber keine Zugmaschinen hatten und somit unbeweglich waren.

Blieben für die Verteidigung im Erdeinsatz nur die Wachkompanie, die Stollenbaukompanie und die Führerfahrkolonne. Hier fehlte es aber fast völlig an Maschinenwaffen. Im Einsatz gegen modern ausgerüstete feindliche Verbände gibt es mit Gewehren keine Chance.

Diese Betrachtung muß noch durch den Hinweis ergänzt werden, daß die logistische Situation einer „Festung Obersalzberg" den Verteidiger vor unlösbare Aufgaben gestellt hätte. So übernahm ich das militärische Kommando des Gebietes Obersalzberg Berchtesgaden im vollen Bewußtsein der gegebenen Sachlage.

Aus zwei Gründen verzichtete ich darauf, die Möglichkeit einer „Festungs-Verteidigung" vorzuschlagen oder einzuplanen:

1) Die Erwägung der Möglichkeit feindlichen Vordringens bis an die Marktgrenze von Berchtesgaden hätte mich bis kurz vor Kriegsende, als das Unaussprechbare Wirklichkeit wurde, dem Verdacht des Defaitismus ausgesetzt.

2) Selbst wenn man diese Hemmschwelle der psychologischen Kriegsführung außer acht ließe, so bliebe immer noch die viel gewichtigere Überlegung, welchen Sinn es während des 2. Weltkrieges gehabt haben sollte, Berchtesgaden-Obersalzberg in eine Festung zu verwandeln. Wenn der Amerikaner oder Russe Berchtesgaden erreichen und einschließen sollte, welches Hinterland hätte es da noch zu verteidigen gegeben?

Die dann zu erwartende Luftüberlegenheit des Gegners hätte ohnehin jede Verteidigung sinnlos gemacht.

Auch der Gedanke, daß die Reichsregierung sich als Abschluß unaufhörlicher „planmäßiger" Rückzüge auf die „Festung" Berchtesgaden-Obersalzberg zurückziehen könnte, wirkte wenig überzeugend. Was wäre gewonnen worden? Vielleicht zwei Tage längeres Überleben für die Reichsregierung? Dafür sollte eine traditionsreiche Stadt mit einem Großteil ihrer Bevölkerung geopfert werden?

Vor allem aus diesem Grunde durfte es keine Festung Obersalzberg geben.

Meine Aufgabe mußte sich deshalb auf den Schutz des mir zugewiesenen Gebietes vor Luftangriffen sowie auf die Bewachungsaufgabe Obersalzberg beschränken.

Es muß noch hinzugefügt werden, daß im Sommer 1944, nach Abzug des Führerhauptquartieres, die Bedienungsmannschaften der Flakeinheiten für den Einsatz an der Front abgezogen wurden.

Praktisch mußten nun die hierfür einrückenden Männer des Reichsarbeitsdienstes (RAD) auch den größten Teil der militärischen Aufgaben erfüllen.

Nur das unentbehrliche Gerüst an Führern und Unterführern der Waffen SS blieb, um die neue Flakbedienung zu schulen und zu führen. Bis auf die Wachkompanie war damit der Obersalzberg von Waffen SS entblößt worden; die militärisch unzureichend geschulte und bewaffnete Stollenbaukompanie und die „Führer Fahrkolonne" nicht mitgerechnet.

Selbst die Wachkompanie mußte ihre tüchtigsten Offiziere, Unteroffiziere und Mannschaften zur Frontverwendung abgeben und tauschte hierfür nur bedingt tauglichen Ersatz ein.

Die Nebelabteilung bildete hierbei keine Ausnahme. Von Februar 1945 an lösten SS Maiden die SS Männer an den Nebelgeräten ab.

Die „Festung Obersalzberg" war also nicht nur wegen des Mangels an Festungsbauwerken, an hierfür geeigneter Bewaffnung und Versorgung, sondern auch wegen des Mangels an geeigneter Besatzung eine Illusion.

Sie wurden ihres illusionären Charakters auch nicht entkleidet, als Goebbels am 25. September 1944 den Volkssturm ausrief. Volkssturm auch in Berchtesgaden?
Der Autor wurde mit dessen Ausbildung und Führung beauftragt. Die oben zitierten Überlegungen wurden für ihn dadurch nicht entwertet.

„Aber der Gedanke an eine Schlacht um Berchtesgaden-Obersalzberg lastete auf allen."

Reichsarbeitsdienstführer Hierl besichtigt die 3,7cm Flackstellung am Antenberg nahe der Theaterhalle Obersalzberg. 3,7cm Flak diente der Tieflieger- und Fallschirmjägerabwehr.

Der Fall Göring

Während Hitler sich im Bunker der Reichskanzlei in Berlin der anbrandenden russischen Offensive stellte, wurde auf dem Obersalzberg fieberhaft weitergebaut. Täglich gingen dort Funksprüche oder Telefonate Bormanns ein, mit denen er die Bauvorhaben Stollenbau, Siedlungsbau Klaushöhe und Buchenhöhe, aber auch viele andere überwachte und antrieb. Auch in dieser Situation, die Einschließung Berlins stand unmittelbar bevor, kümmerte er sich noch um jede Einzelheit des täglichen Lebens auf dem Obersalzberg. Das ging soweit, daß er zum Beispiel Luftschutz für einen kleinen Forellenteich im Kehlsteingebiet anmahnte, Versetzungen für kleine Angestellte der Verwaltung Obersalzberg aussprach und die Siegeszuversicht einer Sekretärin dadurch aufzumöbeln suchte, daß er ihr telefonisch den unmittelbar bevorstehenden Endsieg ankündigte.

Dieses Wort gebrauchte Bormann in den letzten Kriegstagen immer wieder. Welchen Sieg meinte er eigentlich? Er wich Hitler bis zuletzt nicht von der Seite, mußte also die wirkliche Lage nur zu genau kennen. Fehlte ihm die analytische Begabung, um sie richtig einzuschätzen? Dem steht entgegen, daß seine wache Intelligenz wissen mußte, was gespielt wurde. War er ein Held, bereit, an der Seite seines Führers zu leben und zu sterben? Baldur von Schirach und nicht nur er meinte: Bormann war ein Feigling.
Nach dem Tode Hitlers floh Bormann aus dem Bunker der Reichskanzlei und hinterließ die bis heute nicht einwandfrei beantwortete Frage: Wohin ging er?

Endsieg: In Wirklichkeit war in Berlin bereits der Häuserkampf entbrannt. Der Obersalzberg wurde gleichzeitig Schauplatz dramatischer Ereignisse, die der Autor in seinem Buche „Die Rettung von Berchtesgaden und der Fall Göring" schilderte. Es folgen Auszüge seines Berichtes und Zusammenfassungen hierzu. Der Autor schreibt seine Erlebnisse in „Ich"-Form.

„Der 20. April 1945 verlief auf dem Obersalzberg ohne besondere Vorkommnisse. Allerdings herrschte in diesen Tagen ein reger Flugverkehr zwischen Berlin und Salzburg. Ich erfuhr gegen Abend des 21. April 1945, daß Hermann Göring mit Stab unterwegs war. Später erhielt ich Kenntnis von seinem Eintreffen auf seinem Landhaus am Obersalzberg. Generaloberst Koller, Luftwaffengeneralstabschef, folgte seinem Oberbefehlshaber.

Es trafen auch der Marineadjutant, Admiral von Puttkammer, zusammen mit etwa 80 Mitgliedern des engsten Stabes um Hitler ein.

Die Flucht von Beamten und Offizieren aus Berlin hielt an. Auf den Gleisen des Berchtesgadener Bahnhofes rollten Waggons ein, die mit Geheimdokumenten vollgestopft waren. Der Ansturm von Voraus- und Hauptkommandos war so groß, daß Unterbringungsschwierigkeiten entstanden. Auch Bormann hatte Personal vorausgeschickt, das Hitlers Umzug von Berlin auf den Obersalzberg vorbereiten sollte. Hoffte er immer noch, Hitler umstimmen zu können, um mit ihm Zuflucht auf dem Obersalzberg zu suchen? Im nachfolgenden berichte ich u.a. über Vorgänge in Berlin, die ich damals so nicht kannte. Diese kleine Abweichung vom Stil des Erlebnisberichtes soll dem Leser die Ereignisse am Obersalzberg bei Kriegsende verständlich machen. Am 20. April 1945 nahm Hitler im Führerbunker der Reichskanzlei Berlin die Gratulation der höchsten Würdenträger des Dritten Reiches, soweit diese nicht schon aus Berlin geflohen waren, entgegen.

Göring hatte diese Gelegenheit benutzt und ihn gefragt: „Mein Führer, Sie haben wohl nichts dagegen, wenn ich jetzt nach Berchtesgaden fahre?"

„Meinetwegen fahr los", war Hitlers Antwort. (David Irving, Hitler und seine Feldherren, S. 517)

Dem war vorausgegangen, daß Hitler für den Notfall getrennte Führungsstäbe im Norden und im Süden befohlen hatte. Göring war für den Süden eingeteilt, Dönitz für den Norden. Nicht nur dieses. Wie Göring mir später persönlich sagte, hatte er während der besagten letzten Unterredung noch einmal die Nachfolgefrage angeschnitten. Hierbei habe Hitler bestätigt, daß Göring im Sinne der durch Gesetz geregelten Nachfolgefrage die Gesamtverantwortung übernehmen solle, falls Hitler seiner Handlungsfreiheit beraubt würde.

Nach einigen Tagen des Überlegens hatte Hitler den Entschluß gefaßt, in Berlin zu bleiben, komme was da wolle. Göring hingegen sollte den von kriegerischen Ereignissen verschont gebliebenen Obersalzberg als Regierungssitz benutzen.

„Ich habe keine Befehle mehr zu erteilen", sagte Hitler am 22. 4. 1945, und weiter, „wenn es aufs Verhandeln ankommt, das kann der Reichsmarschall besser als ich".

Das konnte nur heißen: Verhandle du vom Obersalzberg aus mit den Westmächten. Mit mir will niemand verhandeln. Wenn er außerdem sagte, ich habe keine Befehle mehr zu erteilen, wer denn sonst als Göring soll sie dann geben? Diese Äußerung vor seiner engsten Umgebung hätte, wenn sie ernst zu nehmen gewesen wäre, das oberste Prinzip Hitlerscher Machtausübung in Frage gestellt: Alle Staatsgewalt in einer Hand. Dazu gehörte auch die Regelung der Nachfolgefrage. Diese war zwar geregelt, aber wiederum auch nicht. Hitler hatte die Fesseln der Verfassung abgestreift. Er selbst war die Verfassung. Sein unbändiger Wille regierte. Dessen Weg war ebenso wenig im voraus zu berechnen, wie der eines Blitzes.

Noch grübelte Göring darüber nach, wann der Zeitpunkt seiner Machtübernahme gekommen sein könnte — also wann Hitler seiner Handlungsfreiheit beraubt sei, mit seinem Tod, seiner Gefangennahme, mit dem Verlust der letzten Machtinstrumente, Mitarbeiter oder seiner Denkfähigkeit — als bereits Donner unterwegs war.

So verließ Göring Berlin. Hitler beharrte darauf, in Berlin zu bleiben. Die Abschnürung der Hauptstadt durch die Russen würde Hitlers Handlungsfähigkeit erdrosseln, was auch immer mit seiner Person geschähe. Dann, ja dann müsse Göring laut Gesetz und laut Hitlers zuletzt geäußerter Willenskundgebung die Nachfolge antreten. Der Gedanke, hiermit Verrat an Hitler zu begehen, konnte ihn hierbei nicht berühren.

Anders Hitler. Sicherlich, er hatte sich Göring gegenüber zur Nachfolgefrage geäußert. – „Sollte ich hier in Berlin meiner Handlungsfreiheit beraubt sein, dann...". Aber wie konnte Göring auch nur davon träumen, daß Hitler zu seinen Lebzeiten den alleinigen Machtanspruch aufzugeben gedachte?

Am 21. April 1945 wurde Göring noch einmal von Hitler in dessen unterirdischem Befehlsbunker der Berliner Reichskanzlei empfangen und nach einer etwa zweistündigen Unterredung für die Fahrt zum Obersalzberg verabschiedet.

Wie Flugkapitän Baur als Zeuge bekundete, fiel diese Verabschiedung sehr herzlich aus. Hitler äußerte sich besorgt darüber, daß die Durchfahrtsstraßen in Thüringen bereits unter Beschuß russischer Artillerie liegen könnten. Er drängte Göring deshalb zur Eile. (Das sieht so aus, als habe Hitler Görings Nachfolgerechte - und Pflichten noch einmal bestätigt. Göring selbst hatte den absoluten Machtanspruch seines Führers mit aufgebaut. Ahnte er, wie weit der inzwischen gediehen war?) Hitlers Äußerungen von gestern, sein Verhalten heute, morgen ernst zu nehmen. Wer hätte wagen können, ihn festzulegen? Hitler regierte gestern, heute und morgen und dies solange er lebte.

Göring traf am 22. April 1945 auf dem Obersalzberg ein. Er wohnte dort in seinem Landhaus, auf dem Eckerbichl, Göringhügel genannt.

Am 23. April 1945 gegen 14.00 Uhr rief mich Görings Adjutant, Oberst von Brauchitsch an, ich solle mich eine halbe Stunde später bei Göring melden.

Auf dem Landhaus Göring eingetroffen, berührte es mich merkwürdig, daß ich mich einer Leibesvisitation unterziehen und meine Pistole ablegen mußte. Gelegentlich der Gratulationscour vor Hitler am 20. 4. 1944 hatte es keine derartige Vorsichtsmaßnahme gegenüber den Gratulanten gegeben.

Zufahrt zum Landhaus Göring (im Hintergrund). Im Vordergrund die Adjutantur Görings. Vorkriegsaufnahme.

Pünktlich stand ich vor dem Reichsmarschall, dessen Uniform die Fülle seiner Ämter und Würden hinreichend deutlich zur Schau stellte. Den Marschallstab in der Hand, erweckte seine barocke Erscheinung den Eindruck, daß ein Staatsakt bevorstand. Auch sein Gefolge bestätigte durch dessen Zusammensetzung diese Vermutung: Reichsminister Lammers und Reichsleiter Bouhler.

Göring schilderte mir die Lage um Berlin, deutete den Inhalt seiner letzten Unterredung mit Hitler an und verlas dann den Text eines Fernschreibens, das er kurz vorher an Hitler abgesandt hatte. Es lautete:

„Mein Führer!
Sind Sie einverstanden, daß ich nach Ihrem Entschluß, im Gefechtsstand in der Festung Berlin zu verbleiben, gemäß Ihres Erlasses vom 29. Juni 1941 als Ihr Stellvertreter sofort die Gesamtführung des Reiches übernehme mit voller Handlungsfreiheit nach innen und nach außen?
Falls bis 22.00 Uhr keine Antwort erfolgt, nehme ich an, daß Sie Ihrer Handlungsfreiheit beraubt sind. Ich werde dann die Voraussetzung Ihres Erlasses als gegeben annehmen und zum Wohle von Volk und Vaterland handeln. Was ich in diesen schwersten Stunden meines Lebens für Sie empfinde, wissen Sie und kann ich durch Worte nicht ausdrücken. Gott schütze Sie und lasse Sie trotz allem baldmöglichst hierher kommen.
Ihr getreuer Hermann Göring."

Danach nannte er Kommandostellen, denen ich ab 22.00 Uhr unterstünde und erwähnte, daß er zu Eisenhower fliegen wolle, um Friedensverhandlungen aufzunehmen. Schließlich fragte er mich, ob ich bereit sei, ihm hierbei mit allen meinen Kräften, notfalls unter Einsatz meines Lebens, zu helfen.

Ich bejahte dies nachdrücklich. Keinen Gedanken verschwendete ich an die Frage, ob Göring wirklich im Einvernehmen mit Hitler handelte. Natürlich war der Wunsch nach Frieden, der alle Deutschen beseelte, auch in mir so stark, daß ich zu einer kritischen Betrachtung der Göringschen Aussage kaum fähig war.

Aber auch aus heutiger Sicht glaube ich, daß die Selbstsicherheit Görings überzeugend genug wirkte, daß der Gedanke an eine Meinungsverschiedenheit zwischen ihm und Hitler oder gar der an einen Staatsstreich als absurd erscheinen muß.

Zurückgekehrt zu meinem Befehlsstand unterrichtete ich mein Offizierskorps über die neu entstandene Lage. Die plötzliche Aussicht auf Waffenruhe ließ Optimismus aufkommen, wenngleich wir uns der Härte möglicher Friedensbedingungen bewußt waren.

Wohnzimmer im Landhaus Göring, in welchem der damalige Reichsmarschall den Autor empfing.

Nachdem der Krieg sicherlich schon Jahre vorher verloren und deshalb Friedensverhandlungen überfällig geworden waren, ließ sich trotz aller Durchhalteparolen die Einsicht im Volk nicht länger zurückhalten, daß der „Kampf bis zum Endsieg" in Wirklichkeit einem solchen „bis fünf Minuten nach zwölf" glich und deshalb der Opferung des ganzen Volkes gleichgekommen wäre.

Görings Auftritt wirkte deshalb auf uns wie die lange erhoffte Erlösung aus dem Trauma Hitlerschen Untergangswillens. Aber die hielt nicht lange vor. Etwa zwei Stunden nach meiner Rückkehr aus dem Landhaus Göring meldete sich die Funkstelle im Gästehaus „Hoher Göll". Ich solle einen Funkspruch von äußerster Dringlichkeit entgegennehmen. Er lautete etwa:

„Berlin, Reichskanzlei, den 23. April 1945.
An den Kommandanten des Obersalzberges SS-Obersturmbannführer Dr. Bernhard Frank und SS-Obersturmführer Bredow. Verhaften Sie Reichsmarschall Hermann Göring wegen Hoch- und Landesverrats.
                       gezeichnet Adolf Hitler."

Bredow war persönlicher Kraftfahrer Bormanns und sollte mich wohl bei der Ausführung dieses Befehles überwachen. Diese überraschende Wendung gab mir Rätsel auf. Hoch- und Landesverrat? Inzwischen war längst deutlich geworden, daß Hitler in Berlin eingeschlossen und tatsächlich seiner Handlungsfreiheit beraubt war. Sein designierter Nachfolger hieß bis zu dieser Stunde Hermann Göring. Worin also bestand der Verrat? Wollte Hitler aus seinem unterirdischen Bunker das Restreich regieren? Selbst die Funkverbindung funktionierte nur noch mangelhaft. Die Antennen der Reichskanzlei wurden immer wieder zerschossen. Während der Zeit ihrer Reparatur herrschte deshalb erzwungenermaßen Funkstille. So stimmen die von Bormann überlieferten handschriftlich niedergelegten Funkspruchtexte – sie wurden so dem Funker zwecks Durchgabe übergeben – nur in wenigen Fällen mit dem überein, was auf dem Obersalzberg ankam.

Aber selbst dann, wenn die Frage „Hoch- und Landesverrat" positiv zu beantworten gewesen wäre, so hätte unmittelbar dahinter die viel gewichtigere nach der Legalität gestanden. Funksprüche, die nur im Stottertakt ankommen, sind in Staatsangelegenheiten wertlos. Es könnte ja sein, daß der jeweils gültige Funkspruch verloren gegangen war, während einer, der inzwischen längst aufgehoben wurde, auf dem Schreibtisch des Befehlsempfängers liegt.

Noch gewichtiger für uns war der sich immer drängender meldende Verdacht, daß Hitler mit der Verhaftung Görings Friedensverhandlungen unterbinden und sein eigenes Leben verlängern wollte.

Ich entschloß mich daher insgeheim dazu, Görings Regierungsübernahme anzuerkennen. Eine Einschränkung mußte ich gelten lassen. Göring mußte zu erkennen geben, daß er bereit war, Hitlers Nachfolgeschaft anzutreten, wie auch immer der Berliner Befehlswirrwarr enden sollte.

Die von mir beabsichtigte Lösung der gestellten Aufgabe trug eine Menge Risiken in sich.

Noch immer galt das Wort Hitlers. Dies auch dann, wenn es über den Äther und dann noch verstümmelt ankam. Obgleich der größte Teil des Reichsgebietes vom Kriegsgegner besetzt worden war, glich Hitlers Befehl einer Zauberformel. Wer sich dem widersetzte, war des Todes. Dies galt, obgleich der Befehlsweg vom Bunker der Reichskanzlei, aus dem der todkranke Hitler noch immer Bannflüche schleuderte, zum Befehlsempfänger, technisch wie auch menschlich fragwürdig geworden war. Wenn ich die Option für Göring offenhalten wollte, wenigstens solange, bis er sich entschieden hatte, mußte ich ihm hierfür die militärischen Voraussetzungen schaffen. Zu meiner Befehlsstelle zurückgekehrt, machte ich die dort wartenden Offiziere mit der neu entstandenen Lage wie auch deren Beurteilung durch mich bekannt.

„Ich befahl: Der gesamte innere Ring des Sperrkreises, das sogenannte ‚Hoheitsgebiet', worin u.a. auch die oben erwähnten Häuser lagen (Berghof, Haus Bormann, Haus Göring, Haus Türken mit dem RSD usw.) ist ab sofort abzuriegeln. Niemand, wer auch immer es sein mag, darf in dieses Gebiet eindringen oder es verlassen. Die dort befindlichen Führerhäuser einschließlich Berghof wie auch Dienststellen sind zu umstellen; deren Insassen somit in Ehrenhaft zu nehmen." Natürlich mußte die Bewachung des Landhauses Göring mit besonderer Sorgfalt durchgeführt werden. Der Nachrichtenoffizier erhielt Auftrag, sämtliche Nachrichtenverbindungen des „Hoheitsgebietes" zu unterbrechen. Erst als ich etwa eine Viertelstunde später die Vollzugsmeldungen erhielt – es gab sofort wütende Anrufe oder besorgte von den Häusern, die alle mit beschwichtigenden Erklärungen meines Nachrichtenoffiziers abgefangen wurden; es gab auch vor den Postenhäusern Debatten, die ohne Ansehen der Person durchgestanden wurden – machte ich mich in Begleitung meines Adjutanten und Bredows auf den Weg zum Landhaus Göring.

Wieder empfing mich Oberst von Brauchitsch und geleitete mich diesmal ohne Aufenthalt zur Treppe, die ins obere Stockwerk führte. Auf halber Höhe wurde ich Zeuge davon, wie die weinende Frau Emmy Göring den Treppenabsatz überquerte, um hinter der nächsten Tür zu verschwinden.

Wieder betrat ich den großen Wohnraum im ersten Stock, wo vor wenigen Stunden ein Staatsakt geprobt worden war. Ich wurde in den dahinter gelegenen kleinen aber sehr behaglich eingerichteten Arbeitsraum Görings gewiesen, dessen schöner großer Kachelofen mir noch in Erinnerung geblieben ist. Göring saß in der Zimmermitte an seinem Schreibtisch. In der Zwischenzeit hatte er die Uniform gewechselt. Diesmal trug er

Folgende Doppelseite: Gästehaus Hoher Göll, in welchem der Autor die Funkbefehle zur Verhaftung Görings und später die zu dessen Erschießung entgegennahm.

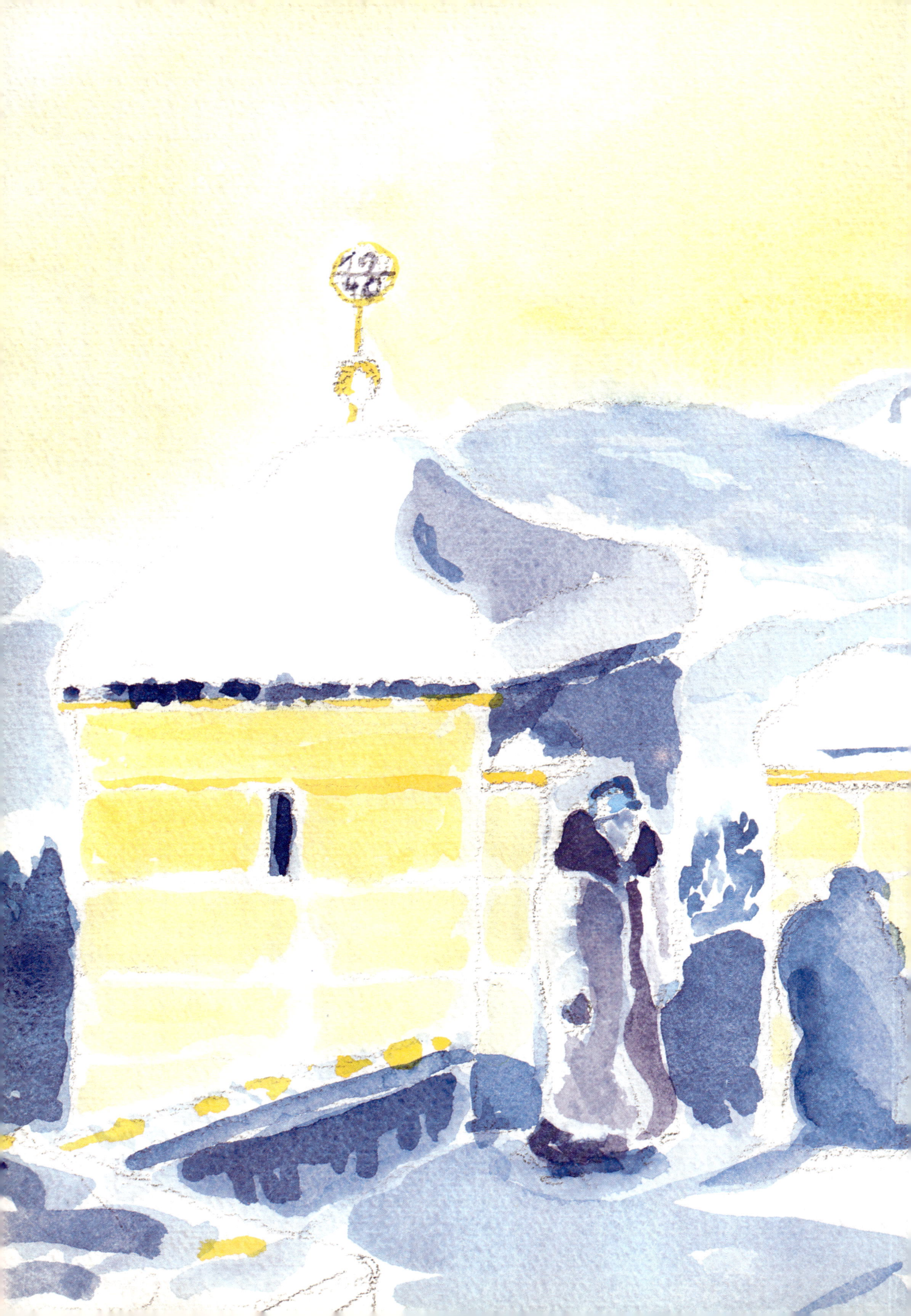

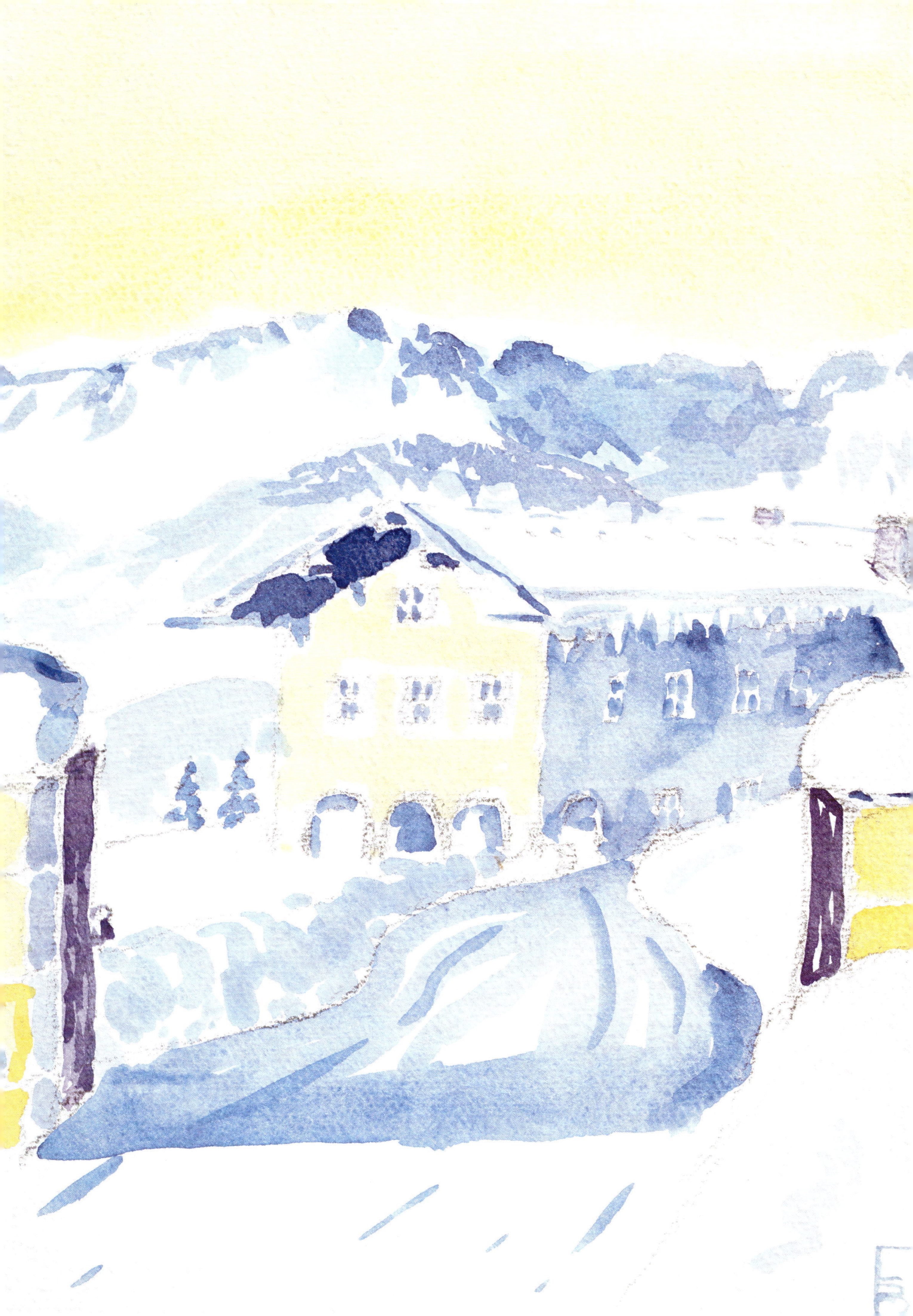

Görings Arbeitszimmer, wo der Autor dessen Verhaftung vornahm.

eine schlichte Felduniform. Die ihm geschuldete Ehrenbezeigung führte ich betont korrekt aus.

Göring schaute mich fragend an.

Ich sagte: „Herr Reichsmarschall, ich erhielt einen Funkspruch des Führers."

„So."

Ich spürte Abwehr aber auch gespannte Erwartung in diesem einen Wort.
Was ich nun zu sagen hatte, versuchte ich durch betont langsames Sprechen, unterbrochen durch lange Pausen, so zu artikulieren, daß sich daraus ein Sinn ablesen ließ, den in Worte zu fassen ich nicht wagen konnte.

Eigentlich hätte ich so formulieren müssen:
„Herr Reichsmarschall, ich verhafte Sie im Namen des Führers." Anstatt dessen sagte ich:
„Darf ich Herrn Reichsmarschall den Funkspruch zeigen?" Ich hatte das Gefühl, daß Göring die angebotene Option verstand. Vielleicht wußte er außerdem durch andere mir unbekannte Funksprüche, daß er die zweite Runde im Ringen um die Nachfolge Hitlers an Bormann verloren hatte, ... wenn er sich jetzt nicht zu selbständigem Handeln entschlösse. „Ja, bitte!" sagte er.

Ich reichte ihm das Papier.
Es folgte eine lange Pause lastenden Schweigens, das durch gelegentliches Räuspern unterbrochen wurde, vielleicht sogar durch ein Hüsteln Bredows, der zusammen mit meinem Adjutanten im Hintergrund stand. Diese Pause hätte ausgereicht, um einen viel längeren Funkspruch zu lesen und zu bedenken.

Man könnte vielleicht einwenden, daß Göring durch die Anwesenheit weiterer Personen keine echte Wahl hatte. Nach meinem Eindruck war Göring kein Geheimbündler. Er hätte die Annahme der verdeckt angebotenen Option, die Macht zu übernehmen und zu Eisenhower zu fliegen, nie davon abhängig gemacht, daß wir unter vier Augen einig wurden. Hier gab es sicherlich andere Überlegungen:
Selbständig handeln nur, wenn die Bedingungen des Nachfolgegesetzes vom 21. Juni 1941 erfüllt schienen. Selbst dann konnte der Todeskampf in Berlin noch genügend Unruhe auslösen, die sich auch in Süddeutschland und in Norddeutschland (Bereich Großadmiral Dönitz) auswirken mußte.

Zeitverzug angesichts der sich stündlich verschlechternden Kriegssituation. Lohnte unter solchen Umständen noch ein Flug zu Eisenhower?

Die gewichtigste Überlegung in diesem Zusammenhang dürfte jedoch gewesen sein, daß ein Staatsstreich, und darum wäre es gegangen, zu allem Unglück des sich abzeichnenden Zusammenbruchs auch noch die Zwietracht in der obersten Führungsspitze des Reiches offenbart hätte. Kein gutes Omen für eine Friedensmission beim Gegner und eine deutliche Verringerung der Erfolgschancen, wie er sie sich kurz vorher noch ausgerechnet hatte.

Göring sagte:
„Dann müssen Sie mich ja wohl verhaften?"
„Jawohl, Herr Reichsmarschall!"
Auch diesmal hatte ich es vermieden, die korrekte Verhaftungsformel anzuwenden.

Göring verhaftete sich selbst.

Wenn er diese Selbstverhaftung in Frageform kleidete, durfte er nicht erwarten, daß ich aus dieser Tatsache das Recht oder die Pflicht ableitete, selbst die Initiative zu ergreifen.

Görings glücklichere Tage auf dem Obersalzberg.

Es folgte noch die Regelung der Bedingungen, unter welchen die Ehrenhaft – so faßte ich es auf – durchzuführen war.

Damit hatte Göring den Weg dafür freigemacht, daß Hitler bis „fünf Minuten nach zwölf" weiterkämpfen konnte. Er verübte erst dann Selbstmord, als der Gefechtslärm schon in unmittelbarer Nähe seines Bunkers vernehmbar war.

Aus einer ganzen Serie von Funksprüchen, die aus Berlin an mich gerichtet wurden, deren genauer Wortlaut mir entfallen ist, erinnere ich mich noch deutlich an den letzten:

„Die Schlacht um Berlin nähert sich ihrem Höhepunkt. Sollten wir fallen, so haben Sie den Hoch- und Landesverräter Hermann Göring zu erschießen.
gez. Adolf Hitler."

Dieser unsinnige Erschießungsbefehl könnte als Beweisstück für die in der Literatur des öfteren aufgestellte Behauptung dienen, daß zumindest in den letzten Kriegsjahren Hitler in der Vorstellung lebte: „Wenn ich fallen muß, so sollt ihr auch fallen."

Hierzu paßt auch Hitlers 1945 erlassener sogenannter „Nerobefehl": Alle deutschen Gebiete, die in Feindeshand fallen, sind vorher gründlich zu zerstören, damit sie (die Feinde) keinen Nutzen mehr daraus ziehen können. Es ist völlig gleichgültig, ob dabei die primitivsten Lebensvoraussetzungen der überlebenden Deutschen zerstört werden."

Er paßt aber auch in eine Reihe zu den vorangegangenen Ereignissen um Reichsminister Todt und die Feldmarschälle Rommel und Kluge.

Es drängt sich auf, in diesem Zusammenhang auch den Opfergang (Englandflug) von Rudolf Heß zu überdenken. Wer aus Hitlers engster Umgebung die wirkliche Lage Deutschlands analysierte und es wagte, Hitler darüber Vortrag zu halten, zu Friedensverhandlungen oder gar zur Kapitulation riet, der war des Todes. Dies galt auch dann, wenn er zu Hitlers treuesten Gefolgsmännern zählte. Den Vollzug des Erschießungsbefehls gegen Göring lehnte ich ab. Vielmehr setzte ich mich dafür ein, daß er sich unversehrt in amerikanische Gefangenschaft begeben konnte.

136

Hermann Göring als Parteiführer, Oberbefehlshaber der Luftwaffe, Beauftragter für den Vierjahresplan und Gastgeber.

Die Zerstörung des Obersalzberges

Am 25. April 1945 flogen 318 Lancaster Bomber der RAF einen Angriff gegen den Obersalzberg und zerstörten ihn. Die Flakabteilung Obersalzberg konnte an diesem Tage 6 Abschüsse erzielen. Wie mir frühere Angehörige der Flakabteilung Roßfeld, fast durchweg damalige RAD Männer, inzwischen glaubhaft versicherten, lag die Zahl der erzielten Abschüsse wesentlich höher. Eine genaue Zählung war aber nicht möglich. (Turbulenz der folgenden Tage bis zur Kapitulation). Der verhältnismäßig geringe Abwehrerfolg ist dadurch zu erklären, daß der deutsche Flugwarndienst nahezu völlig ausgefallen war. Die vorrückenden Franzosen und Amerikaner hatten eine Flugmeldestation nach der anderen besetzt.

Der Berghof war schwer beschädigt, Landhaus Bormann ausradiert, Landhaus Göring nur noch ein Trümmerhaufen. Die SS Kaserne zerstört. Nur der Platterhof war mit verhältnismäßig leichten Schäden davongekommen. Die steilen Zufahrtsstraßen waren mit Bombentrichtern gepflastert und dadurch unpassierbar gemacht worden. Dennoch, ohne die Flakabwehr hätten die vielen angreifenden Maschinen eine wesentlich höhere Trefferquote erzielt.

Göring, der rechtzeitig mit seiner Familie und seinem Stab den Luftschutzbunker aufgesucht hatte, war unversehrt. Er wurde nach Instandsetzung der Straßen in sein Schloß Mauterndorf im Lungau verbracht.

Die Stadt Berchtesgaden war von Treffern verschont geblieben und wurde wenige Tage später kampflos und somit unbeschädigt an die Franzosen und Amerikaner übergeben.

Landhaus Göring nach der Zerstörung.

Rechte Seite: Der beschädigte Berghof.

139

ZEITTAFEL ZUM 2. TEIL

1877	Mauritia Mayer, „Moritz" genannt, kommt auf den „Berg" und gründet die Pension Moritz.
1. 3. 1897	Mauritia Mayer stirbt. Ihre Schwester Antonie führt die Pension Moritz weiter.
1917	Antonie Mayer verkauft die Pension Moritz an die Stiftung Prinzessin Adalbert von Bayern.
26. 5. 1919	Dr. Ernst Josef und Prof. Dr. Eugen Josef erwerben die Pension Moritz.
1920	Das Freundespaar D. Hofmann (Dietrich Eckart) und Herr Wolf (Adolf Hitler) besuchen erstmalig die Pension Moritz, später „Platterhof" genannt. Im Zusammenhang mit großen rednerischen Erfolgen wird Hitler in die sogenannte Münchner Gesellschaft eingeführt: Hanfstaengl, Bruckmann, Bechstein, Dietrich Eckart. Letztere haben entweder Besitz auf dem Obersalzberg (Bechstein u. a.) oder sie verbringen ihren Urlaub auf dem Platterhof.
26. 12. 1923	Dietrich Eckart stirbt in Berchtesgaden.
20. 12. 1924	Entlassung Hitlers aus der Festungshaft in Landsberg. Er wählt den Obersalzberg zunächst als Versteck, dann als neue Heimat. Im sogenannten „Kampfhäusl" schreibt er den zweiten Teil seines Buches „Mein Kampf".
1925	Hitler mietet Haus Wachenfeld auf den Namen seiner Halbschwester Angela Raubal.
1926	Goebbels verbringt mit Hitler einen großen Teil des Sommers 1926 auf dem Obersalzberg.
1928	Hitler holt seine Halbschwester Angela Raubal als Haushälterin ins Haus Wachenfeld.
23. 6. 1934 bis 26. 6. 1934	Hitler überdenkt auf dem Obersalzberg den Röhmputsch.
März 1935	Hitler zieht sich auf den Obersalzberg zurück, um unbeeinflußt von seinen Generälen Pläne zur Wiedereinführung der Wehrpflicht zu erstellen.
20. 6. 1936	Ankauf von Pension Moritz (Platterhof).
8. 7. 1936	Einweihung des Berghofes.
4. 9. 1936	Lloyd George auf dem Berghof.
24. 10. 1936	Graf Ciano auf dem Obersalzberg.
4. 11. 1936	Kardinal Faulhaber auf dem Obersalzberg.
7. 1. 1937	Lord Rothermere besucht Hitler auf dem Obersalzberg.
13. 5. 1937	Einweihung der Theaterhalle Obersalzberg.

Oben: Die Theaterhalle am Obersalzberg. Hier wurden Filme gezeigt. Der Besuch stand allen Bewohnern des Obersalzberges offen, auch den 3000 Arbeitern der Baufirmen.
Unten: Blick über die Stiftskirche von Berchtesgaden zum Kehlstein.
Rechte Seite: Der Berghof von Norden gesehen. Pastellzeichnung des Autors.

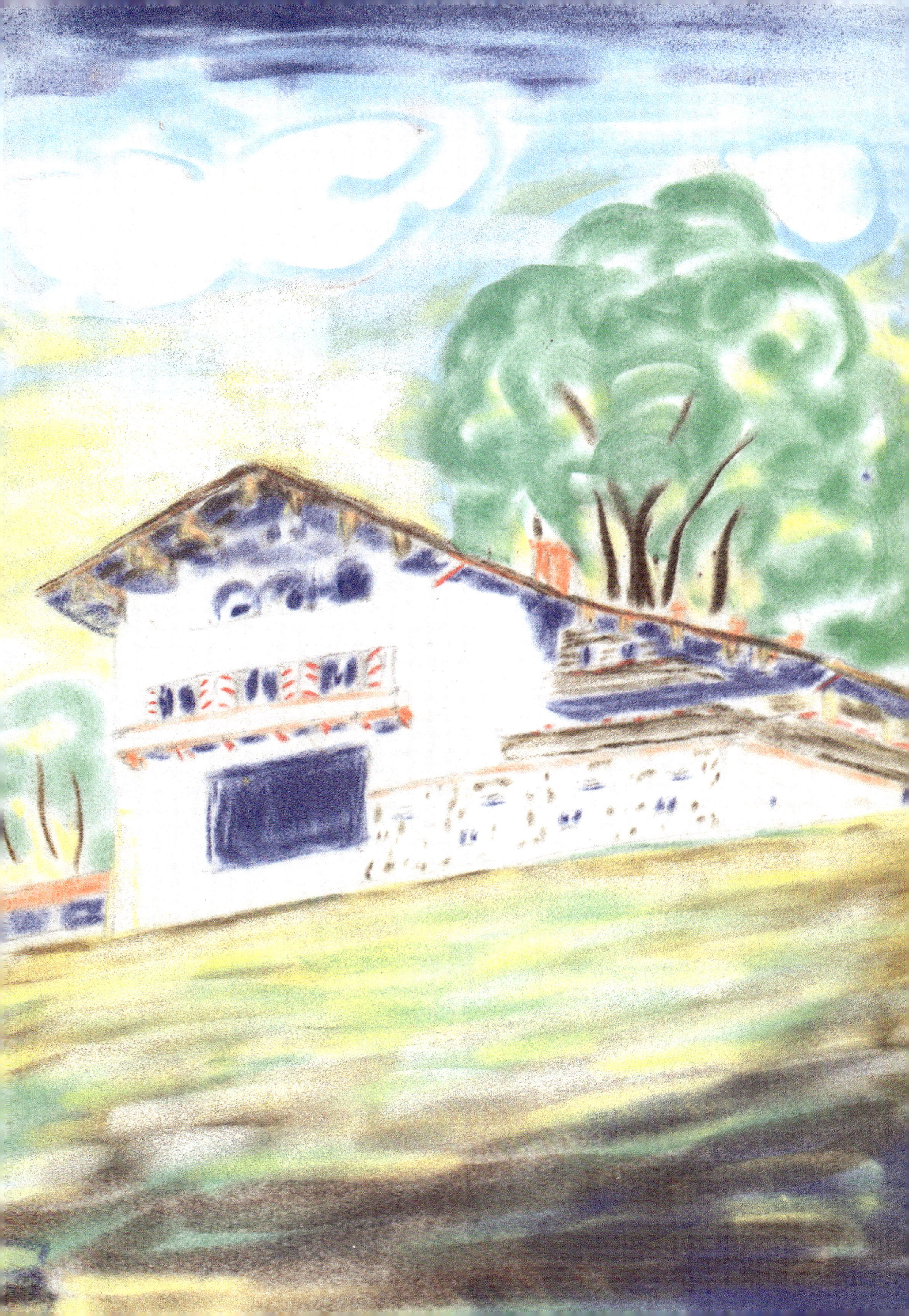

9. 7. 1937	Hitler fährt mit Generaloberst von Blomberg über den Eckersattel zum Ahornkaser.
6. 8. 1937	Besuch des spanischen Botschafters auf dem Berghof.
9. 8. 1937	Einweihung des Teehauses am Mooslahnerkopf durch Hitler.
20. 10. 1937	Besuch des Aga Khan auf dem Obersalzberg.
22. 10. 1937	Besuch des Herzogspaares von Windsor auf dem Obersalzberg.
19. 11. 1937	Besuch des englischen Außenministers Lord Halifax auf dem Obersalzberg.
Nov. 1937	Hitler zieht sich auf den Berghof zurück, um der Kritik des Reichsaußenministers von Neurath sowie seiner Generäle zu entgehen, die sich an Hitlers Plänen zum Einmarsch in Österreich und Böhmen entzündet hatte
1938/39	Bau der SS-Kaserne Obersalzberg.
12. 2. 1938	Der österreichische Bundeskanzler Schuschnigg besucht Hitler auf dem Obersalzberg.
22. 5. 1938	Hitler ruft seine politischen und militärischen Führungsstäbe auf dem Berghof zusammen, um mit ihnen die sogenannte „Maikrise" zu besprechen.
2. 9. 1938	Konrad Henlein besucht Hitler auf Empfehlung Lord Runcimans auf dem Berghof.
15. 9. 1938	Der britische Premier Chamberlain besucht Hitler auf dem Berghof.
18. 10. 1938	Der französische Botschafter Francois Poncet besucht Hitler auf dem Berghof.
24. 11. 1938	König Carol II. von Rumänien besucht Hitler auf dem Obersalzberg.
5. 1. 1939	Der polnische Außenminister, Oberst Beck, besucht Hitler auf dem Obersalzberg.
17. 6. 1939	Kalif al Houd besucht Hitler auf dem Obersalzberg.
11. 8. 1939	C. J. Burckhardt, der Danziger Völkerbundskommissar, besucht Hitler auf dem Obersalzberg.
22. 8. 1939	Ansprache Hitlers vor seinen militärischen Befehlshabern auf dem Obersalzberg.
13. 7. 1940	Hitler bespricht auf dem Berghof mit seinen Generälen das Für und Wider einer Landung in England.
31. 7. 1940	Hitler bespricht auf dem Berghof mit seinen Generälen die Möglichkeit eines Feldzuges gegen Rußland.
18./19. 1. 1941	Mussolini auf dem Berghof. Er muß deutsche Mitbestimmung im Mittelmeer hinnehmen.
10. 5. 1941	Hitler erhält auf dem Berghof die Meldung vom Englandflug seines Stellvertreters Rudolf Heß.
11. 5. 1941	Admiral Darlan (Vichy, Frankreich) auf dem Berghof.
6. 6. 1941	Hitler empfängt den kroatischen Staatschef Pavelic auf dem Berghof.
7. 6. 1941	König Boris von Bulgarien auf dem Berghof.
29. 4. 1942	Hitler empfängt den französischen Ministerpräsidenten (Vichy, Frankreich) Pierre Laval auf dem Berghof.
30. 4. 1942	Mussolini und Ciano besuchen Hitler auf dem Berghof.
19. 11. 1942	Hitler und die OKW-Chefs befinden sich auf dem Berghof, als Hitler die ersten Meldungen von der russischen Offensive um Stalingrad entgegennimmt.
3. 4. 1943	König Boris von Bulgarien besucht Hitler auf dem Berghof.
April 1943	Das Separatfriedensangebot Stalins wird auf dem Obersalzberg diskutiert.
7. 7. 1943	Attentatsversuch gegen Hitler auf dem Kasernenhof Obersalzberg.
Juli 1943	Hitler befiehlt Flugabwehr (Flak, Nebelabteilung und Stollenbau) für den Obersalzberg.
24. 12. 1943	Führerstollen (130m unter dem Berghof) fertiggestellt.
16. 3. 1944	Hitler kommt zum letzten Mal auf den Berghof (für 4 Monate). Flugabwehr, Nebelabteilung, Stollenbau und Führerflugmeldezentrale erreichen volle Einsatzfähigkeit.
20. 4. 1944	Letzte Geburtstagsfeier Hitlers auf dem Obersalzberg.
3. 6. 1944	Hochzeit Fegeleins auf dem Kehlstein.
22. 6. 1944	Hitler spricht vor Offizieren im Platterhof.
4. 7. 1944	Hitler spricht vor Wirtschaftsführern im Platterhof.
14. 7. 1944	Hitler verläßt den Obersalzberg für immer.
21. 4. 1945	Hermann Göring trifft, von Berlin kommend, auf dem Obersalzberg ein.
23. 4. 1945	Verhaftung Görings.
25. 4. 1945	Zerstörung des Obersalzberges.
4. 5. 1945	Besetzung des Obersalzberges durch die Franzosen.

LITERATUR

Hugo Manfred Beer:
Moskaus As im Kampf der Geheimdienste. Verlag Hohe Warte Franz von Bebenburg KG 1987

Lew Besymenski:
Die letzten Notizen von Martin Bormann. DVA 1975

E. R. Carmin:
„Guru" Hitler. Schweizer Verlagshaus AG Zürich 1985

I. C. Fest:
Hitler. Eine Biographie. Propyläen 1973

B. Frank:
Die Rettung von Berchtesgaden und der Fall Göring. 2. Auflage, Plenk Verlag 1987

Josef Geiß:
Obersalzberg. 17. Auflage, Plenk Verlag 1985

H. Giesler:
Ein anderer Hitler. Druffel 1977

W. Grün:
Dietrich Eckart als Publizist. München 1941

Sebastian Haffner:
Anmerkungen zu Hitler. Kindler 1978

Sebastian Haffner:
Ein Volk kann nicht von ewiger Reue leben. „Die Welt", 20. 4. 1989

E. Hanfstaengl:
Zwischen weißem und braunem Haus. Piper 1970

F. Heer:
Der Glaube des Adolf Hitler. Bechtle 1968
Hitler in der Karikatur. Melzer Verlag 1934

H. Heiber:
Lagebesprechungen im FHQ. DVA 1962

W. Hofer:
Die Entfesselung des zweiten Weltkrieges. Frankfurt a. M. 1964, S. 198

Heinz Höhne:
Der Orden unter dem Totenkopf. Gütersloh 1967

D. Irving:
Göring. A. Knaus 1986
Hitler und seine Feldherren. Ullstein 1975

H. A. Jacobsen:
Der zweite Weltkrieg. Frankfurt a. M./Hamburg 1965

Ottmar Katz:
Prof. Dr. Morell. Wilh. Heyne Verlag 1982

Herbert Kremp:
Das Interesse an Hitler. „Die Welt" 1973
Vom Wandel des Hitlerbildes in der Historiographie. „Die Welt" 16. 4. 1989

August Kubizek:
Adolf Hitler, mein Jugendfreund. Graz/Göttingen 1953

Dirk Kunert:
Ein Weltkrieg wird programmiert. Ullstein 1986

J. v. Lang:
Der Sekretär. DVA 1977

Werner Maser:
Adolf Hitler. Bechte 1953

Otto Meißner:
Staatssekretär unter Ebert, Hindenburg, Hitler. Hamburg 1950

Leonard Mosley:
Göring. Gustav Lübbe 1977

Henry Picker:
Hitlers Tischgespräche. Goldmann 1951

John Provan:
Obersalzberg. Selbstverlag der Luftschiff Zeppelin Collection 1988

F. Schaffing:
Der Obersalzberg. Langen Müller 1985

Ernst Günther Schenck:
Patient Hitler. Droste 1989

Percy E. Schramm:
Kriegstagebuch des Oberkommandos der Wehrmacht. München 1982

Christa Schröder:
Er war mein Chef. Langen Müller 1985

W. L. Shirer:
Aufstieg und Fall des dritten Reiches. München Zürich 1963

Albert Speer
Erinnerungen. Berlin 1969

H. Stierlin/Mitcherlich:
Adolf Hitler. Suhrkamp 1975

Victor Suworow:
Der Eisbrecher. Klett Cotta 1989

Jürgen Thorwald:
Die ungeklärten Fälle. Steingraben Verlag 1950

H. R. Trevor Roper:
Hitlers letzte Tage. Frankfurt 1965

H. S. Ziegler:
Hitler aus dem Erleben dargestellt. Göttingen 1965

Rainer Zitelmann:
Hitler, Selbstverständnis eines Revolutionärs. Klett Cotta 1989